改革开放进程中的经济学家学术自传

张卓元　高培勇　主编

彭森学术自传

彭森◎著

ACADEMIC AUTOBIOGRAPHY OF PENG SEN

SPM

南方出版传媒

广东经济出版社

·广州·

图书在版编目（CIP）数据

彭森学术自传／彭森著．—广州：广东经济出版社，2020.4
（改革开放进程中的经济学家学术自传）
ISBN 978-7-5454-6066-7

Ⅰ．①彭…　Ⅱ．①彭…　Ⅲ．①经济学—文集
Ⅳ．①F0-53

中国版本图书馆CIP数据核字(2020)第047342号

出 版 人：李　鹏
责任编辑：周伊凌
责任校对：陈运苗
责任技编：陆俊帆

彭森学术自传
PENG SEN XUESHU ZIZHUAN
彭森 著

出版发行	广东经济出版社（广州市环市东路水荫路11号11～12楼）
经销	全国新华书店
印刷	恒美印务（广州）有限公司（广州市南沙经济技术开发区环市大道南路334号）
开本	787毫米×1092毫米　1/16
印张	12.75
字数	131千字
版次	2020年4月第1版
印次	2020年4月第1次
书号	ISBN 978-7-5454-6066-7
定价	88.00元

广东经济出版社网址：http://www.gebook.com 微博：http://e.weibo.com/gebook
图书营销中心地址：广州市环市东路水荫路11号11楼
电话:(020)87393830 邮政编码:510075
如发现印装质量问题，影响阅读，请与承印厂联系调换
广东经济出版社常年法律顾问:胡志海律师

《改革开放进程中的经济学家学术自传》丛书

编辑委员会

《改革开放进程中的经济学家学术自传》丛书分册名录

（按姓氏音序排列）

1.《白重恩学术自传》
2.《蔡昉学术自传》
3.《常修泽学术自传》
4.《陈东琪学术自传》
5.《陈锡文学术自传》
6.《迟福林学术自传》
7.《樊纲学术自传》
8.《范恒山学术自传》
9.《房维中学术自传》
10.《高培勇学术自传》
11.《高尚全学术自传》
12.《郭克莎学术自传》
13.《洪银兴学术自传》
14.《黄达学术自传》
15.《黄群慧学术自传》
16.《贾康学术自传》
17.《江小涓学术自传》
18.《金碚学术自传》
19.《李实学术自传》
20.《李晓西学术自传》
21.《厉以宁学术自传》
22.《林兆木学术自传》
23.《刘诗白学术自传》
24.《刘世锦学术自传》
25.《刘树成学术自传》
26.《刘伟学术自传》
27.《马建堂学术自传》
28.《彭森学术自传》
29.《宋晓梧学术自传》
30.《田国强学术自传》
31.《王梦奎学术自传》
32.《王一鸣学术自传》
33.《魏杰学术自传》
34.《魏礼群学术自传》
35.《乌家培学术自传》
36.《吴敬琏学术自传》
37.《杨瑞龙学术自传》
38.《张军学术自传》
39.《张军扩学术自传》
40.《张晓山学术自传》
41.《张燕生学术自传》
42.《张宇燕学术自传》
43.《张卓元学术自传》
44.《赵人伟学术自传》
45.《郑新立学术自传》
46.《周叔莲学术自传》

总　　序

Preface

盛世出华章。中国的改革开放是一场波澜壮阔、前无古人的伟大社会变革，也将是世界经济发展史上的瑰丽篇章。中国经济学家在这场伟大变革中，或贡献了智力，或参与了实践，无论是参政建言还是学术构建，均厥功甚伟。

在我们先后迎来改革开放40周年和中华人民共和国成立70周年之际，为了记录并彰显中国经济学家的历史贡献，为中国特色社会主义事业进一步发挥智慧的力量和作用，同时借以勉励后学筑梦前行，我们组织并编辑了这套《改革开放进程中的经济学家学术自传》丛书。

这套丛书的出版设想，最初由广东经济出版社提出。在此之前，得力于中国社会科学院经济研究所张卓元教授等的大力支持，该社曾于2009年编辑出版《影响新中国60年经济建设的100位经济学家》丛书。那套丛书产生了良好的社会反响，也获得了较高的学术评价。弹指一挥间，又是一个十年，共和国迎来了70华诞，改革开放也逾40周年。在这样一个特殊的背景下，广东经济出版社邀请张卓元教授和高培勇教授领衔，由《经济研究》编辑部具体负责，组织、编辑一套集中反映改革开放进程中的经济学家学术探索和心路历程的丛书。

认识到这是一件颇具眼光、很有意义的事情，于是，便有了读者眼前这套《改革开放进程中的经济学家学术自传》丛书编辑出版工作的启动。

中国经济改革与发展的伟大实践，为中国经济学家的成长提供了肥沃的土壤。要从这些灿若繁星的经济学家中推选出大家比较公认的富有影响力的经济学家，并不容易。怎样推选？推选多少？具体标准是什么？如何约稿？丛书的体例又该如何把握？这一系列相关问题接二连三地提至我们面前。

为此，在初步拟订编辑出版方案的基础上，由张卓元教授和高培勇教授主持，邀请部分专家召开了小范围的论证会议，就组建丛书编辑委员会以及丛书编辑出版的一系列相关问题听取意见，进一步完善方案。

紧跟着，2017年6月25日，丛书编辑委员会会议在北京举行。出席会议的委员共有19位（按姓氏音序排列）：白重恩、常修泽、陈东琪、陈锡文、迟福林、高培勇、郭克莎、黄群慧、金碚、李晓西、刘伟、彭森、宋晓梧、田国强、魏礼群、吴敬琏、张军扩、张燕生、张卓元。因故请假、提供书面意见的委员有10位（按姓氏音序排列）：蔡昉、曹远征、贾康、李实、李扬、厉以宁、林毅夫、刘世锦、钱颖一、张军。

这次编辑委员会会议就如下一些重要问题形成了高度共识：

第一，关于丛书的意义。委员们高度认可丛书的编辑出版工作，认为这是一项富有重要历史和现实意义的出版工程。

第二，关于丛书入选者的标准和数量。委员们认为应本着宁缺毋滥、质量为先原则，以对改革开放事业的某个特定领域做出实质性贡献或产生实质性影响的经济学家为重点，入选者宜掌握在60位左右。

第三，关于丛书的体例。基于凸显学术价值和史料价值的考虑，委员们认为学术自传宜涵盖作者的学术成长历程、作者对改革开放事业某个特定领域的研究成果和学术贡献、作者对特定领域改革前景的展望等方面内容。

第四，关于丛书的读者对象。委员们认为应主要面向青年学者以及学生，谈人生经验、述理想情怀，激励广大青年学者和学生确立奋斗的目标、发展的方向和成功的路径。

第五，关于丛书的文风。委员们主张学术自传应具有较强的理论性、学术性，同时文笔流畅、深入浅出，具有一定的可读性。

在经过充分讨论形成的候选经济学家名单基础上，与会委员按照获得半数以上多数票入选的规则，以无记名投票方式表决确定了65位入选者。

会议还决定，请因故请假的委员继续对候选经济学家名单通讯投票，并根据此项流程的统计结果，提请全体编辑委员会委员再进行一次通讯评审，最终确定丛书入选者为68位。

由此产生的《改革开放进程中的经济学家学术自传》丛书入选作者为（按姓氏音序排列）：白重恩、蔡昉、曹远征、常修泽、陈东琪、陈清泰、陈锡文、迟福林、樊纲、范恒山、房维中、高培勇、高尚全、郭克莎、郭树清、韩俊、洪银兴、华生、黄达、黄群慧、贾康、江小涓、金碚、李剑阁、李京文、李实、李晓西、李扬、厉以宁、林毅夫、林兆木、刘国光、刘鹤、刘诗白、刘世锦、刘树成、刘伟、隆国强、楼继伟、马建堂、彭森、钱颖一、宋晓梧、田国强、王梦奎、王一鸣、魏杰、魏礼群、乌家培、吴敬琏、吴晓灵、杨启先、杨瑞龙、易纲、余永定、张军、张军扩、张维迎、张晓山、张燕生、张宇燕、张卓元、赵人伟、郑新立、周其仁、周叔莲、周小川、朱玲。

在确定入选者名单之后，《经济研究》编辑部立即展开了组稿工作，共有46位入选者接受约稿。在这一过程中，入选的经济学家或其家属、秘书、好友等，对我们的工作给予了热情的支持，在百忙之中积极准备所需要的文献，其认真精神令人感动。应该说，没有他们的积极响应和大力支持，这套丛书是难以按时按质完成的。

由于入选的经济学家大多是名人、忙人，有一部分老作者也已年届九十高龄，约稿的工作量及其难度可想而知。一些作者提出暂不能写作，这多少令我们感到些许遗憾。其间也有许多感人的情景要告诉读者们：常修泽先生于2018年夏天在吉林延边的一个小镇闭门两三个月专事自传写作，在整个写作过程中数十次与编辑部和出版社沟通，包括内容完善、结构设计和一些合理性建议等诸多细节，并且在约定期限内交稿给编辑部；九十五岁高龄的黄达教授在写作过程中十余次通过电话或电子邮件与编辑部讨论写作重点和风格；乌家培、林兆木、王梦奎等老先生也是不厌其烦，反复就文字沟通润色；周叔莲先生在去世前一周还给编辑部打电话，告诉编辑自己已经基本完成了书稿的写作，并详细介绍了自己的写作过程和感想，我们至今忆此仍为之动容。在这些难得的沟通中，我们一次次被感动。

随着此套丛书的陆续编辑出版，我们越来越强烈地体会到了这项工作的意义和价值:

入选这套丛书的作者，系改革开放进程中的经济学家，他们的知名度较高，社会影响较大。这套自传体丛书，是对他们的代表性研究成果、学术贡献、成长历程及人格魅力的一个集中展示。对于广大读者特别是青年学子来说，这无疑是一个难得的学习、了解我国经济理论和现实问题的机会。

这些经济学家在各自的学术领域都是佼佼者或领军者，他们学术素养深厚、学术成就卓越。他们在自传中大多以第一人称娓娓道来，讲述了自己的家国情怀与学术成长经历，为记录我国改革开放历程留下了第一手资料。从经济史和思想史的角度看，这应该是非常有史料价值的研究文献。

众多大家的纸上风华，既映射出中国改革开放40多年取得的巨大成就，也是对中国改革与发展经验比较系统的总结。正如习近平总书记所指出的:“从我国改革发展的实践中挖掘新材料、发现新问题、提出新观点、构建新理论，加强对改革开放和社会主义现代化建设实践经验的系统总结，加强对发展社会主义市场经济、民主政治、先进文化、和谐社会、生态文明以及党的执政能力建设等领域的分析研究，加强对党中央治国理政新理念新思想新战略的研究阐释，提炼出有学理性的新理论，概括出有规律性的新实践。这是构建中国特色哲学社会科学的着力点、着重点。”应该说，本套丛书的作者们用生动而精彩的人生与学术追求，践行了这一重要要求。

这套丛书的编辑出版与《经济研究》编辑部各位同仁的努力也是分不开的。他们通过电话、短信和邮件等方式不断地与作者或其家人、秘书等进行沟通。参加组稿和审稿工作的人员有:郑红亮、刘霞辉、张永山、唐寿宁、王利娜、谢谦、金成武、孙三百、陈小亮、欧宏、王红梅、刘莹、曹帅。

广东经济出版社的领导和编辑在本丛书的出版过程中也做了大量的工作，正是有了他们的努力，这套丛书才能得以顺利与读者见面。

特别值得一提的是，这样一套组织工作浩繁的大型丛书，见证了《经济研究》编辑部与广东经济出版社值得称道的团队合作精神。编辑部的张永山、王红梅同志和广东经济出版社的编辑团队从始至终为丛书的组织沟通、约稿、文稿整理付出了大量的心血，他们的耐心和一丝不苟的敬业精神令人称道。

这套丛书就此付梓了，回望中国改革开放的辉煌岁月，携手丛书作者对祖国的拳拳心路与期待，我们略感欣慰！但由于时间仓促，加之我们的水平有限，书中的不足和错误之处在所难免，敬请广大读者批评指正。

《改革开放进程中的经济学家学术自传》丛书编辑委员会

2019年10月

作者简介

彭森

（1951—），辽宁省沈阳市人，1982年毕业于北京大学经济系。1989—1990年在英国牛津大学做访问研究生。20世纪80年代以来，长期在政府部门从事经济体制改革总体规划、政策研究和宏观经济管理工作。历任国务院经济体制改革方案办公室处长，国家体改委综合规划和试点司副司长、司长，国家体改委副秘书长、秘书长，国务院体改办秘书长、党组成员、副主任，国家发改委党组成员、副主任等职。第十二届全国人大代表、全国人大常委会委员、全国人大财经委副主任委员。现任中国经济体制改革研究会会长。

在长期的改革实践中，多次参加中央重要改革文件和国务院政府工作报告起草工作，参与了20世纪80年代价、税、财综合配套改革方案的设计工作，参与组织了20世纪90年代初期中国市场经济体制改革总体框架设计，直接主持了20世纪90年代一些重要改革任务的中期规划与年度改革要点的制定工作。21世纪以来，曾直接负责全国改革的规划设计和综合配套改革试点工作，重视新时期改革理论的探索研究和地方改革实践的经验总结，特别是对不同阶段改革的目标设计和推进方式问题有较深入的研究。较早提出“以市场机制作为资源配置的主要的、基本的、决定性的形式”，提出必须统筹“问题导向”改革和“目标导向”改革等重要理论概念。近年来高度重视改革史的研究，编著的《中国经济体制改革重大事件》（上、下册）中英文版出版发行后，引起海内外学者高度关注和评价。科斯在其专著中摘引该书二十余次。自1999年以来，一直担任《中国改革年鉴》主编，先后担任过中国社科院、北京师范大学、山东财经大学的教授、研究员、博士生导师，中日经济知识交流会中方代表，国务院反垄断委员会委员，中国（海南）改革发展研究院决策咨询委员会副主任等社会职务。

目录

壹

从事学术研究的历程

中国的改革是改变亿万中国人民前途命运的历史洪流。40余年来，中国的改革者始终站在时代的前列，栉风沐雨，砥砺前行。作为改革征程的亲历者和见证者，我始终坚信，40余年的改革虽然只是人类历史上短短的一瞬，但能参与到这个伟大进程之中，能在当代中国史上写下浓墨重彩的一笔，是每个改革者一生矢志不渝的追求和骄傲。中国早期的改革者往往都是“以天下为己任”的理想主义者。他们奋斗、探索，曾经历过暴风雨的洗礼，也有过迷茫或与辉煌擦肩而过的遗憾。但是，“虽九死其犹未悔”，他们上下求索，初心不改。而初心就是人民的幸福和国家的富强。我有幸在改革发端之年踏入北大的校门，学习经济理论，其后30多年始终在改革第一线工作，成为改革队伍的一员。但我从来没有自认为是学者，更遑论是经济学家了。在改革的浪潮中，我虽也曾经披沙拣金，偶有所得；但时时体会到“其出弥远，其知弥少”的道理。在纪念改革开放40周年的日子里，遵张卓元老师所嘱，勉尽驽骀之力，凑得一篇“学术自传”，作为个人研究工作的总结，以此献给我所热爱的中国改革事业，并求教于诸位方家。

一　我与经济学的不解之缘

我于1951年4月出生于辽宁沈阳一个知识分子家庭，祖籍是河南南阳。祖父彭和卿早年毕业于北京朝阳大学法科，曾参加过北伐战争，任军法官。国民革命失败后，祖父对政治感到失望，决定寻找教育兴国的道路，遂回乡变卖家产兴办南都中学并任校长。南都中学坚持“办学为民，立德树人”的办学理念，资助贫困学生，教书育人卓有成效，先后培养了一大批优秀人才，遍布海内外。长期以来，在当地流传着“要读书，上南都”的说法。20世纪90年代，南都中学复校重建时，袁宝华同志专门题写“纪念人民教育家彭和卿先生”碑文。我的父亲彭清源在祖父的影响下，早年便立志学成报国。1940年，父亲考入国立武汉大学经济系，1944年毕业后考入国立中央大学研究生院，1947年获取经济学硕士学位后，又考取公费留美研究生，先后在美国科罗拉多大学、纽约大学攻读财政理论。新中国成立后他积极响应号召，回国参加社会主义建设，被分配到东北沈阳，参与创办东北财经学院、辽宁大学，先后任副教授、教授。他的早期学生包括全国政协原副主席王文元、辽宁大学原校长冯玉忠等，可谓桃李满天下。“文革”后，他先后任沈阳市副市长、民革中央常务副主席、全国人大常委会委员、全国政协常委等职。我成长于这样一个家庭，从小耳濡目染，小学就养成每天翻阅《参考消息》的习惯，上中学后开始逐步接触亚当·斯密的《国富论》、马克思的《资本论》、凯恩斯的《就业、利息和货币通论》、斯大林的《苏联社会主义经济问题》等大量政治、经济、历史名著。记得有一次我懵懂地问父亲：“什么是所有权？”他讲了一个关于外国教授给他们上课的故事。当时这位教授把腕上的手表摘下来猛然摔在地上，然后告诉惊愕的学生们，所有权就是对一个物品无条件的占有、支配和处置的权利。那是我第一次学习到了经济学中的一个基本概念，至今记忆犹新。但是由于连年的政治运动，经济工作已成为高风险职业，经济理论也逐渐脱离了科学的轨道，成为教条主义的奴仆。因为生长于一个有着政治历史问题（父亲抗战时加入过国民党）的高级知识分子家庭，所以我们从小就感受到了莫名的压力和实实在在的歧视。如果没有“文革”，我很可能会选学历史，毕业后成为一名中学历史教员。我的父母（母亲是辽宁大学附中的教师）对我的期望也大抵如是。但是，经历了“文革”十年，特别是五年知青插队生活，我亲身感受到了人民公社的“大锅饭”是如何给农业生产和农民带来打击和苦难的，也感受到高度集中的计划经济是如何扼杀经济生活的生机和创造力，使其变成票证经济、短缺经济的。这使我对“经济”这一概念的认识，从“节约”转向资源配置的“效率”，转向“经世济民”的使命和初心。当然，如果没有“文革”结束后的拨乱反正和真理标准大讨论，没有邓小平同志恢复高考的决定，我们这一代人的命运也不会改变。1978年，经过努力争取，我被批准参加“文革”后的第一次全国统一命题高考。我参加的是文科考试，政治、语文、历史、地理四科我的平均分为88分，其中政治考了98分。可能就是因为这一点吧，尽管我第一志愿报的是北京大学历史系，但还是被北京大学经济系政治经济学专业录取，从此与经济理论及实践结下了不解之缘。

1978年的中国，百废待兴，思想解放和改革开放的大幕已经拉开。高等院校中，各种学术流派、理论思潮十分活跃。“为中华之崛起而读书”“团结起来，振兴中华”是那一代大学生的心声。我也很幸运，在北大遇到了陈岱孙、胡代光、范家骧、赵靖、厉以宁等经济学泰斗和大师，他们亲自为我们授业解惑，真是受益终身。如我们爱戴的陈岱老（陈岱孙教授），彼时已近80岁，仍担任经济系主任。在我们大学三年级时，他给全年级学生开了“经济学说史”大课，这也是他为本科生开的最后一门课。陈岱老学识渊博、学贯中西，又治学严谨、要言不烦，使我们真正领略了一代宗师的风范。陈岱老的这门课影响很大，后来被整理成《从古典经济学派到马克思》一书，风行一时。又如在中国改革进程中独树一帜的厉以宁老师，当时也不过40多岁，又是第一次登上讲坛，但他潜心研究西方经济学基本理论，厚积薄发，率先在高校开设宏观、微观经济学课程，开风气之先，深受学生们的欢迎。厉老师坚持理论联系实际，从中国改革实践出发，提出非均衡发展理论，积极推进股份制改革，最终成为中国经济学界的领军人物，成为中国改革战线的一面旗帜。

在北京大学4年，我接受了系统的经济学理论教育。经济系坚持“宽领域、厚基础”的育人方针，使我们既学习到了马克思主义政治经济学一般原理，又能从实际情况出发，选学经典名著，包括精读《资本论》第一卷，粗读第二卷、第三卷，负责授课的是胡代光、石世奇教授。当时我真切地感到学懂弄通了经典作家的原旨原意。1980年春季学期，系里举办了西方经济学流派系列讲座，范家骧、胡代光、杜度、厉以宁等大师纷纷登台讲授、介绍当代最有影响力的经济学流派，一时轰动京师。后来又请了张培刚、宋则行、高鸿业、赵人伟等校外大师来办讲座，先后办了60期，蔚为大观，成为20世纪80年代初北京经济学界的盛事。北京大学经济系还有一批中年教师积极开拓新的经济学科，如刘方域先后开的“生产力经济学”“消费经济学”两门课程，巫宁耕所开的“战后发展经济学”课程，陆卓明所开的“经济地理”课程等，都别开生面，独树一帜，给人启迪。这些老师也逐渐成为这些学科的创立者和带头人。

在校时，我偏爱的课程是赵靖教授的“中国古代、近代经济思想史”。赵老师开的课我都选修了，并在课堂上认识了林毅夫。当时他刚刚到大陆，被安排插班到北京大学经济系，选修了一些课程。因我是系学生会学习委员和班长，系办的同志让我照顾他的学习和安全。

二 我与改革的一生缘

我从专注于经济学理论特别是经济史理论转向专注于现实中的改革问题研究，是从撰写毕业论文开始的。我的毕业论文选题是“试论中国的农业社会主义思潮”，指导老师是赵靖教授。农业社会主义是空想社会主义在中国封建社会的重要表现形式。从东汉时期的五斗米教，到历次农民起义的“均贫富”思潮，影响深远，流传至今。学界一般认为中国的农业社会主义思潮在当代主要发生在新中国成立前后。这一思潮错误地把平均主义、“大锅饭”作为社会主义的基本特征，主张用小农经济的标准改造世界，把整个社会经济都改造成“平均”的小农经济，由此引发土地改革中错误打击、消灭富农，侵犯工商业利益，以及最后走向人民公社化等一系列政策。我在深入分析人民公社化运动和“文革”期间一系列错误政策的基础上，提出农业社会主义思潮的本质是打着社会主义旗号的绝对平均主义。农业社会主义思潮的影响一直延续至今，不仅是“大锅饭”“共产风”等错误跨越新民主主义与社会主义历史阶段的思想根源之一，也是改革开放初期反对“鼓励一部分人先富起来”政策的小农经济的社会基础和思想基础。因此，要进一步深化改革，必须彻底批判和抛弃农业社会主义思潮。这篇论文我下的功夫较多，查找引用了大量历史资料，又专门进行社会调查，列举了很多现实的案例。赵老师对这篇论文非常重视，亲自帮助我查找史料；同时又给了我的论文很高的评价，认为其坚持了理论联系实际、历史研究与现实问题研究相结合的原则，难能可贵。赵老师给这篇论文打了95分，并告诉我这是给本科生论文打的最高分。1982年7月，在论文答辩顺利通过的同时，我荣获第一届“北京大学优秀毕业生”证章。

1982年10月，我于北京大学毕业后，被分配到中共辽宁省委政策研究室工作，主要任务是专题调研、制定政策，多数时间是撰写领导讲话稿。当时正值东北工业结构重大调整和城乡所有制结构剧烈变革时期，面对改革开放浪潮对社会发展形态和生产关系的冲击，我对结构性改革产生了浓厚的兴趣。受马洪、孙尚清同志主编的《中国经济结构问题研究》启发，我决定在工作之余对涉及辽宁发展战略的所有制结构、工农业结构、城乡结构等十大结构性改革进行探索研究，争取用5年时间写成一本专著。考虑到先易后难原则和领导布置的工作，我先完成的是《辽宁城市结构问题刍议》一文。这篇试水之作重点分析了呈倒金字塔形的辽宁城市结构是殖民地经济和计划经济的产物，指出为适应改革以后多种经济成分共同发展和市场体系的完善，必须主动地调整辽宁城市结构，大力发展乡镇工业，为中小城市（镇）发展提供鼓励政策。此文先后在省委内刊和《农村发展研究》上刊载，得到好评。随后我又拟出了《辽宁重工业结构》等几篇文章的提纲，未及展开就被借调到刚成立的国家经济体制改革委员会（以下简称“国家体改委”）工作，并于1985年初正式调到北京。辽宁十大结构性改革研究遂告中止，至今念之尚有遗憾。

我调入国家体改委之时，党的十二届三中全会刚刚通过了《中共中央关于经济体制改革的决定》。中国改革重点从农村转向城市，改革已成为中国经济、社会发展的主旋律。改革为中国发展开辟了新局面，也为一批有志于改革的青年人提供了新的舞台。当时国家体改委的大旗下聚集了一批青年干部和青年学者，这是一批理想主义者，也是一批坚定的市场导向改革的理论研究者和实践工作者。马凯、周小川、郭树清、楼继伟等就是其中的佼佼者。我到国家体改委后，先后在研究所、理论组、方案办、综合规划和试点司工作。20世纪90年代中期我由国家体改委综合规划和试点司司长转任国家体改委副秘书长、秘书长；2000年1月后历任国务院体改办副主任、国家发改委副主任等职；2013年3月转任第十二届全国人大常委会委员、全国人大财经委副主任委员；2014年任中国经济体制改革研究会会长。在这30多年里，我经历了中国改革的不同阶段和历次重大事件，也在从事政策研究、行政管理的同时，坚持不懈地进行了一些改革理论的探索。我一直坚信，作为中国改革的受益者、参与者和见证者，我的一生已与中国改革结下了不解之缘。能为中国改革作出自己的微薄贡献，是我终身的幸福和荣耀。

三　改革开放中的理论探索

以1984年党的十二届三中全会通过的《中共中央关于经济体制改革的决定》为标志，中国改革进入了第一个高潮期。这个阶段的改革始终充满了解放思想与因循守旧的冲突和碰撞，始终存在着姓“社”与姓“资”的争论和斗争。中国的改革没有现成的模式和经验，既不能信奉“东教条”（经典作家的论断和苏东模式），又不能盲目照搬“西教条”（西方经济学理论和自由市场经济模式）。这就为中国改革者的实践总结和理论创新提供了最好的舞台。在40多年的改革生涯中，我在改革理论方面最重要的探索和成果集中体现在以下几个方面：

第一，在中国改革初期提出在中国农村乃至城市推行股份制和混合经济的建议。以农村改革和企业承包的实践探索为基础，我于1985年夏完成了《关于在中国农村建立股份经济制度的思考》一文。该文从理论和实践上证明，股份制经济是发展商品经济行之有效的生产组织形式，也是农村改革中继家庭联产承包责任制之后找到的又一个充满生机的经济组织形式。股份制在中国农村的发展不仅有历史必然性，也有现实可能性，是中国农村集体经济新的有效实现形式。文中特别提出农村股份制经济对城市经济体制改革的借鉴意义，重点阐述了对国营企业进行股份制改革和探索混合经济的途径和任务，明确提出“通过个人、集体、国家资金互相投资购股，形成股权多元化结构的混合经济”“冲破所有制形式上的各种壁垒，组建多形式多层次的联合股份公司，使股份制经济逐渐渗透到全民企业中去”。这在当时是很超前的理论观点和政策建议。

第二，在20世纪80年代中期对市场体系的建立和完善进行了全面探索。当时，理论界对中国改革的目标模式仍存在较大争议。党的十二届三中全会通过的《中共中央关于经济体制改革的决定》的提法是建立“有计划的商品经济”，但一些理论权威反复强调有计划的商品经济的本质是计划经济，直到20世纪90年代初期中央文件还使用“计划经济与市场调节相结合”这一概念。在绝大部分场合，市场经济仍是理论禁区。我于1987年4月发表《社会主义市场经济体系初探》一文。该文尝试从10个方面全面、系统地阐述社会主义市场经济条件下市场体系、市场机制的地位和作用，分析当时中国市场体系的发展趋势和存在的不平衡、不匹配、不健全问题，重点论述了完备市场体系对建立宏观间接调控体系的重要性，并强调了

20世纪90年代，在欧洲考察

建立要素市场特别是金融市场、资金市场、劳务市场、技术市场和房地产市场的意义和工作着力点。论文中特别指出，“市场体系（实际上说的是市场经济）不单单是资本主义特有的经济范畴”“在社会主义条件下，经济运行离不开市场体系这个基础”“我们通过改革建立的市场体系是统一的而不是割裂的，是开放的而不是封闭的，是横向联系的而不是纵向管辖的，是竞争的而不是垄断的”。这些观点和政策建议，在当时都有很强的针对性，并具有一些开创性。

第三，20世纪90年代初对中央、地方财政关系走势的判断和政策建议。中国改革初期，主要采取的是行政分权性政策（decentralization policy），即向地方和企业放权让利，以调动地方和企业的积极性。20世纪80年代中国财政普遍实行了中央地方“分灶吃饭”和财政包干体制。这种体制于改革初期在一定程度上调动了地方积极性，但也造成了中央调控能力下降和分散化的“诸侯经济”问题。1987年初，我陪同高尚全同志向田纪云副总理汇报“价、税、财联动方案”搁置后国务院体改方案办的收尾工作时，纪云同志忧心忡忡地说：“‘价、税、财联动方案’不搞了，但是财政分散化的问题早晚得解决。现在中央领导还有战争年代积累的威望，将来中央、地方干部资历都差不多，中央财政不集中一点，地方怎么会服从宏观调控呢？”这段话给我留下很深的印象，也让我更深刻地了解到正确处理中央、地方关系的重要性和急迫性。因此，两年后我到牛津大学进行访问研究时，选择了中国中央与地方财政关系为研究方向，并在John Knight的指导下，完成了英文论文*Central-Local Government*

Fiscal Relationship in China。实际上，全球市场经济国家的中央与地方财政关系大体分为三类：一是以美国、加拿大、澳大利亚为代表的联邦式分税制；二是以英国、法国为代表的集权式分税制；三是以日本、意大利为代表的混合式分税制。我在论文中从理论和实际运行数据两个方面重点比较了中、英两个单一制国家在中央与地方财政体制上的异同，分析指出了中国当时的财政包干体制的弊端，特别是运用寻租理论说明包干谈判是如何加大社会制度成本的。论文的结论很明确：中国改革的政策倾向面临着从行政分权性政策转向权力再集中性政策（recentralization policy）的重要转折点。这个转变的标志是引入和实行规范的分税制。我们必须探索一个适合中国国情的分税体制，在保持中国单一制政体的前提下，可以推行"联邦财政体制"，即在正确划分中央、地方事权和财权的基础上，建立规范、透明的转移支付制度，赋予地方设立税种的权力，使提高中央调控能力与调动地方积极性相统一，以保证公平竞争和均衡发展。这篇论文的完成时间是1990年7月。John Knight和牛津大学现代中国研究中心主任Cyril Lin都对论文给予了很高的评价。John Knight建议我更新中、英两国财税数据并增加一些回归分析后，在经济学期刊上发表。但因回国期已到，我只能谢绝了他的建议。回国后我先后向陈锦华、李铁映两任国家体改委主任汇报过自己的研究成果。1992年7月，我在担任综合规划和试点司副司长期间，参与组织编写了《建立社会主义市场经济体制的基本设想》。其中明确提出财税体制改革的方向是"实行有共享税的分税制，建立中央税收和地方税收两个体系"。

1993年夏，我跟随朱镕基、李铁映同志直接参与了分税制方案的谈判、设计和落实工作。

第四，20世纪90年代初参与设计社会主义市场经济体制的总体框架，提出市场在资源配置中起基础性和决定性作用。1992年邓小平同志发表南方谈话以后，我们根据中央要求，组织课题组撰写《建立社会主义市场经济体制的基本设想》。该报告的贡献和突破是，对市场经济新体制不再局限于理论阐释和概念定义，而是对新体制的框架结构进行了全面系统的规划设计。报告将社会主义市场经济的主要特征归纳成六个方面：一是一切生产要素进入市场，要素价格由市场供求和市场竞争决定；二是产权关系明确，利益主体多元；三是市场机制在实现社会资源配置方面起决定性作用；四是市场的统一性和开放性；五是平等竞争和经济关系法律化；六是效率和公平原则相结合。报告对社会主义市场经济的基本框架，从企业制度，市场制度，宏观调控制度，劳动就业、收入分配和社会保障制度，政府经济管理职能和机

1995年2月，在日本经团联就中国经济改革形势发表演讲

构，法律体系和监督制度等六方面进行了系统阐述。该报告是在党的十四大召开之前完成的，是当时国内可以看到的第一份全面、系统地阐述社会主义市场经济目标模式的报告。该报告不仅为党的十四大作出政治决定提供了理论准备，也为一年后召开的党的十四届三中全会通过的《中共中央关于建立社会主义市场经济体制若干问题的决定》提供了必要的政策参考。这份报告的总召集人是国家体改委副主任王仕元同志，总执笔人是我和曾国祥同志，我们都是综合规划和试点司的副司长。党的十四大闭幕后，这份报告进一步改写扩容后由改革出版社于1992年11月正式出版，书名为《市场经济总构想》，由曾国祥和我主编，全书共20多万字。书中明确提出："市场在实现社会资源配置中起基础性和决定性作用。"1992年11月15日，我公开发表《关于建立社会主义市场经济的几点思考》一文，文中强调应"以市场机制作为资源配置的主要的、基本的、决定的形式"。这一观点正式写入中央文件已是在21年后的党的十八届三中全会了。

第五，在改革推进方式研究方面，我始终强调要正确处理好整体规划、综合配套与积极试点的关系，正确处理好改革与立法的关系，正确处理好改革的目标导向与问题导向的关系，努力加强改革的系统性、整体性和协同性。国家体改委从成立之日起，主要职能就确定为三项：规划、试点和协调。从20世纪90年代开始又增加了一项：立法。这四项职能与中国渐进式改革道路是完全适应的。因为中国改革是涉及十几亿人民前途命运的一场前无古人的社会实验，但是从目标模式到基本路径都没有现成的经验。我在工作中注意到，由于改革初期（1978年12月至1984年10月）理论准备不足，又缺乏经验，加上来自“左”的和右的方面的干扰，中国改革的基本推进方式带有一些鲜明的特点，我将之归纳为四个方面：一是采取“摸着石头过河”的方法，缺乏一个指导性的长期总体规划；二是一切改革须先经试验，以点带面，逐步推广，走“以农村带动城市，以沿海带动内地”的路子；三是坚持以破为主、先破后立的原则，在建立新的法律体系方面相对滞后；四是通过地区性政策倾斜和行政性分权，逐步培育不同类型的利益主体，并使之成为改革的基本力量。在1984年10月党的十二届三中全会通过《中共中央关于经济体制改革的决定》，1992年10月党的十四大提出社会主义市场经济体制目标模式以后，就必须强调整体规划和顶层设计了。1986年国务院组建体改方案办，研究“价、税、财联动方案”，1987年，国家体改委组织8个课题组研究1988—1995年中国经济体制改革规划（“三五八”规划），这都是很好的尝试。我于1992年起先后担任综合规划和试点司副司长、司长，在注意抓好13个试点城市改革的同时，更加重视改革的顶层设计，强调提出在改革的推动方式上面必须有一个根本性的调整和变化。我在1992年发表的《九十年代改革的推进方式》一文中提出：在坚持全国改革政策规范化的前提下，加强对不同地区的分类指导；抓住改革中深层次的重大问题，着力突破，取得实质性进展；加强市场经济新体制的基本制度建设，用法律的手段推进改革。我特别提出，在改革的不同时期，要组织以不同改革任务为中心的配套改革：以国有资产股份化为纽带的企业经营机制、产权制度、社会保障制度和政府管理体制的配套改革；以价格改革为中心的计划、流通、财政、税收及垄断行业的配套改革；等等。我的这些思想，有的转化为改革方案的内容。进入21世纪以来，我又明确提出必须统筹“问题导向”改革和“目标导向”改革的概念。我多次在各种会议和论坛上呼吁，要更加重视“目标导向”改革，以避免沉浸在“问题导向”改革任务之中，而忘记改革的方向和目标。一些关键环节的改革如果过于滞后就会成为体制性短板。党的十八届三中全会以后，我又撰写了《全面深化改革必须加强改革的系统性、整体性和协同性》一文，该文被多种报刊转载。

第六，关于改革史问题的研究。德国著名政治家施密特曾经指出，中国的改革是20世纪人类历史上最伟大的实验。中国改革的每一步都在创造着历史，因此40年来，我也一直把中国改革作为历史在观察、分析和研究。研究历史重在史料的收集、积累和整理。因此，我在担任国家体改委秘书长和国务院体改办秘书长期间，于1999年5月组织撰写和审定了《国家体改委大事记》。这份大事记记述了1982—1998年16年间党中央、国务院对国家体改委工作的指示、批示和题词，以及中央重要会议提出的改革方针；记述了国家体改委贯彻落实中央有关决定、指示及交办事项的情况；记载了党组的工作会议、请示报告和人事任免等情况。这份大事记现已成为研究中国改革史最重要的第一手资料。我在2003年5月又组织编写了《国务院体改办大事记》，对1998—2003年国务院体改办的工作作了全面记述。

1999年9月，我主编了《中国改革20年规划总集》，全书收集发表了改革前20年制定的20份中长期规划，以及从1987年开始直到1998年的11个年度的改革计划要点。其中包括1980年由国务院体制改革办公室制定的第一份改革规划等，很多都是第一次公开发表。此书是研究中国改革思路和计划、方案变化演进的必读资料。2005年，我与陈立等同志着手编著《中国经济体制改革重大事件》，历时3年，于2008年由中国人民大学出版社出版。此书分为上、下两册，共83万字，全面记述了1978—2004年26年间中国改革所走过的道路。全书按编年史的体例，选择每年最有影响和代表性的8～10个重大事件，共200多个，以期给人们展现一幅全景式的改革画卷。此书出版后，深受社会各界欢迎，成为改革理论研究者的案头书，并很快由新加坡一家出版社翻译成英文，向海外发行。著名的美国经济学教授、诺贝尔经济学奖获得者科斯，在其所著《变革中国》一书中，直接引述此书内容达34处之多。此外，自1999年开始，我担任《中国改革年鉴》主编，20年来从未间断。在我看来，编写年鉴就是当代人写史、立志的表现。《中国改革年鉴》是改革人的志书，必须兼具权威性和客观真实性。刚开始时年鉴比较简单，主要收录中央重要文件，中央领导的重要讲话，各部门、各地区的改革方案和进展，以及全年的改革大事记，每期60万~90万字；近年来又扩增了政策篇、理论篇、试点篇，以及著名改革工作者的理论观点等，每期120万～150万字，已成为我国唯一一部全领域记录中国改革进程的权威史志，成为重要的、宝贵的改革资料文献。2012年，时任总理温家宝同志专门致信给我，对《中国改革年鉴》编辑部工作表示充分的肯定和深切的敬意。

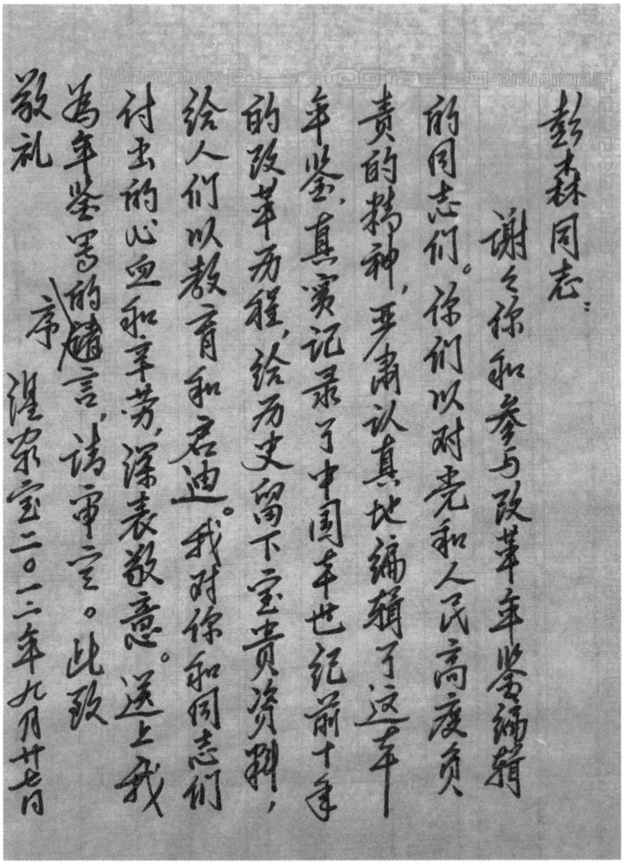
彭森同志：

谢谢你和参与改革年鉴编辑的同志们。你们以对党和人民高度负责的精神，严肃认真地编辑了这本年鉴，真实记录了中国本世纪前十年的改革历程，给历史留下宝贵资料，给人们以教育和启迪。我对你和同志们付出的心血和辛劳，深表敬意。送上我为年鉴写的序言，请审定。此致

敬礼

温家宝 二〇一二年九月廿七日

2012年9月，时任总理温家宝的亲笔信

贰

主要学术贡献

一　关于我国基本经济制度理论的研究

（一）基本经济制度理论的建立和演化

以公有制经济为主体、多种所有制经济共同发展的基本经济制度，是中国特色社会主义制度的重要支柱，也是社会主义市场经济体制的根基。但是，基本经济制度的理论概念，是中国改革经历了20年的实践才总结提炼出来的。作为一名学习政治经济学专业的大学毕业生，我在参加工作、投入改革实践后，还是习惯用生产关系、生产资料所有制等马克思主义政治经济学基本概念去看待和分析改革实践中的新生事物。改革中，一般同志看到的就是家庭联产承包责任制、企业所有权与经营权相分离等现象，而我们往往更关注这些现象背面所隐藏的经济关系，是生产资料所有制的变化，是人们在生产中的地位和相互关系的变化，以及产品分配形式的变化。我们的理论思维时时提醒着我们：在生产关系诸要素中，生产资料所有制的形式是最基本的、起决定性作用的。而历史唯物主义原理也时时提醒着我们：生产力决定生产关系，生产力是内容，生产关系是生产力的社会形式。生产力是不断发展变化的，这决定了社会生产关系也不会是永恒不变的，而是不断发展变化的。特别是生产关系由生产力发展的形式变成生产力发展的桎梏时，就需要变革、改革，由适应生产力发展的新的生产关系取代旧的生产关系。正是因为这一点，所以我们常常强调说，改革的本质就是解放和发展生产力。

从上述最基本的理论观点出发，我们在刚刚参与改革实践时，十分注重学习中央文件对生产关系特别是生产资料所有制问题的论述，也十分注意分析研究改革实践中旧的生产关系特别是所有制关系是如何解构的，新的生产关系特别是所有制关系是如何萌芽、形成和发展的。我们深知，生产关系在生产力发展的不同阶段具有不同的性质和具体表现形式。社会主义是共产主义的初级阶段，那么社会主义的初级阶段，生产关系又应该是一种什么样的结构和形态呢？实践已经证明，计划经济和全民所有制，以及中国曾普遍推行的人民公社制度，极大地束缚了生产力发展，造成资源配置的低效率。那么在市场经济条件下，所有制的结构和实现形式有无最优解呢？它是否可以为生产力的发展开辟更广阔的前景，并为以“人的自由和全面发展”为特征的共产主义高级阶段的生产关系奠定基础呢？这些问题是思想疑虑，也是现实挑战和工作动力。其答案都可归纳升华为对中国社会主义基本经济制度理论的坚守和完善。

中央文件对基本经济制度的总结归纳也是经历了一个相对较长的过程的。1984年10月，党的十二届三中全会通过的《中共中央关于经济体制改革的决定》指出，在社会主义全民所有制占主导的前提下，长期坚持发展多种经济形式和经营方式。1993年11月，党的十四届三中全会通过的《中共中央关于建立社会主义市场经济体制若干问题的决定》在所有制变革方面迈出了重要一步，明确指出，“经过十多年改革，我国经济体制发生了巨大变化，以公有制为主体的多种经济成分共同发展的格局初步形成”“社会主义市场经济体制是同社会主义基本经济制度结合在一起的。建立社会主义市场经济体制，就要使市场在国家宏观调控下对资源配置起基础性作用。为实现这个目标，必须坚持以公有制为主体、多种经济成分共同发展的方针”。1997年9月，党的十五大报告明确提出：“要坚持和完善社会主义公有制为主体、多种所有制经济共同发展的基本经济制度。”这是第一次创造性地提出了“基本经济制度”这样一个概念。与党的十二届三中全会时的提法相比，“公有制为主体”取代了“全民所有制占主导”，“多种所有制经济共同发展”取代了“发展多种经济形式和经营方式”。这是对20年改革实践中生产关系特别是所有制关系调整变化的高度概括和总结，也是马克思主义政治经济学中国化的创新发展。2002年11月，党的十六大报告第一次单设一节，全面阐述了坚持和完善基本经济制度问题。其中首次提出“两个毫不动摇”理论，即“必须毫不动摇地巩固和发展公有制经济”“必须毫不动摇地鼓励、支持和引导非公有制经济发展”。还有一点非常重要，

➲ 2006年10月，在英国出席英中商会年会并发表演讲

报告强调，“进一步探索公有制特别是国有制的多种有效实现形式。除极少数必须由国家独资经营的企业外，积极推行股份制，发展混合所有制经济”。2012年11月，党的十八大报告在坚持“两个毫不动摇”理论的基础上，强调指出“保证各种所有制经济依法平等使用生产要素、公平参与市场竞争、同等受到法律保护”。这是对基本经济制度的创新性补充。2013年11月，党的十八届三中全会通过的《中共中央关于全面深化改革若干重大问题的决定》在第二部分全面阐述了坚持和完善基本经济制度的五点重要内容。在重申和完善党的十六大所提出的基本概念之后，专门就完善产权保护制度、积极发展混合所有制经济、推动国有企业完善现代企业制度和支持非公有制经济健康发展等问题提出了系统科学的论断。其中最具理论创新性和实践指导意义的是关于积极发展混合所有制经济的内容。该决定强调指出，“国有资本、集体资本、非公有资本等交叉持股、相互融合的混合所有制经济，是基本经济制度的重要实现形式”“允许更多国有经济和其他所有制经济发展成为混合所有制经济。国有资本项目允许非国有资本参股。允许混合所有制经济实现企业员工持股，形成资本所有者和劳动者利益共同体”“鼓励非公有制企业参与国有企业改革，鼓励发展非公有制资本持股的混合所有制企业，鼓励有条件的私营企业建立现代企业制度”。《中共中央关于全面深化改革若干重大问题的决定》对发展混合所有制经济的重要作用和意义的论断，包括“三个允许”和“三个鼓励”的提法，是对近40年改革实践的理论总结，是对我党以往有关论断的继承和发展，也是下一步深化改革中完善基本经济制度的重要着力点。

（二）20世纪80年代关于在中国建立股份制经济制度的设想

在改革开放初期，股份经济以及与之相联系的各个经济范畴，如股份公司、股票、股息等，还都习惯地被人们看成是资本主义特有的经济概念。基于国际经济体制的比较借鉴与中国实践的探索和理论思考，我于1985年夏完成了《关于在中国农村建立股份经济制度的思索》一文。此文最初发表在1985年第161期的《经济研究参考资料》上，后来先后被《农村发展研究》《报刊文摘》等报刊转载。该文明确提出，在建立具有中国特色的社会主义经济模式的过程中，有必要重新认识股份经济。文中首先论述了引入股份经济的意义：

目前，我国正在探索和建设具有中国特色的社会主义，党的十二届三中全会通过的《中共中央关于经济体制改革的决定》提出了在公有制基础上大力发展有计划的商品经济的任务。这是社会主义政治经济学理论体系和科学社会主义实践上的重大突破，并为股份经济制度在中国的建立和发展打开了大门。首先，既然股份经济已被历史证明是发展商品经济行之有效的组织形式，那么我们完全有理由利用这种形式为发展社会主义商品经济服务。其次，在体制改革和对外开放过程中，借鉴发达国家发展商品经济成熟的组织形式和管理办法，可以少走弯路，加快实现社会主义现代化的步伐。最后，在社会主义的股份经济中，不存在资本与劳动的对立。正如马克思所分析的，工人是自己的资本家，股息和红利的获得者是劳动者自己。因此，在发展社会主义商品经济时，我们应在理论上为股份经济制度正名，从实践上首先在中国农村建立和发展股份经济制度，并融进社会主义经济因素和按中国国情的要求，探索出一个具有中国特色的社会主义商品经济的发展模式。

文中用较大篇幅详细论述了股份经济是农村合作经济的有效实现形式。

几年来，农村推行的家庭联产承包责任制恢复了家庭经营形式，农民可以作为有充分独立性和自主权的商品生产者进行生产经营活动，他们的创造能力和主动精神被大大激发出来了，这是中国农村发生深刻变化的根本原因。当前，农村面临的问题是如何把8亿农民的热情和商品经济的多种发展形式切实纳入社会主义轨道。一方面，家庭经营形式适应我国农村生产力发展水平和中国农民的传统习惯，应该得到长期、稳定的发展。另一方面，允许个体经营，绝不意味着排斥合作化道路。恰恰相反，家庭经济的发展和日益成熟，正为坚持合作化道路，发展合作经济提供了物质基础和时机。党的十一届三中全会以来，农民在摆脱了“大锅饭”等不合理的生产、分配形式的束缚之后，又日益感觉到家庭经营的局限成为新的束缚。他们在充满竞争的商品经济的海洋中，一旦感到独立经营步履维艰时，就会自觉不自觉地转而寻找一种高级些的生产形式，或扩大经营规模，或从事合作经营，以解决家庭经营本身难以解决的问题。可以说，处于向大规模商品经济转化过程中的中国农村，第一次不是用行政命令，而是靠规模经济的内在规律和社会化大生产的客观要求引导农民走向新的合作经济是一个历史的趋势，也是一个长期的过程。我们每个农村工作者如不认识这一趋势，仅满足于家庭联产承包责任制的稳定，就会落在群众的后面。鉴于此，我们必须在巩固、壮大已建立的农村集体经济，如各类乡镇企业以及供销、运输、水利、机耕等产前产后的服务事业的同时，依照经济规律的内在要求，组织发展更富有活力的、多层次多形式的新型农村合作经济。

那么，如何把农村的联合愿望变成现实行动，怎样引导农民选择一种最佳的生产组织形式呢？我认为，必须给予股份经济制度更多的注意和优先的选择。从理论上说，正如马克思所指出的："股份企业，也和合作工厂一样，应当被看作是由资本主义生产方式转化为联合的生产方式的过渡形式。"①对股份经济制度在生产资料私有制和个体经营转化为生产资料公有制与联合经营过程中的历史作用，我们应高度重视。从我国社会主义建设的历史实践来看，股份经济制度同样显示了优越条件。众所周知，20世纪50年代后期的人民公社化运动中，农村集体经济是按照行政区域和行政层次建立的。它在生产资料方面一律实行公有化，在生产上实行统一经营、集中劳动，在分配上搞平均主义的"大锅饭"。这种体制的主要弊病在于：把按照行政区域和行政层次发展的联合绝对化，不允许多形式、多层次的联合，不利于生产资料、资金、劳动力的合理组合；在实际中，自愿互利这个基本原则往往被忽视，强迫命令、长官意志曾经普遍发生；

① 马克思：《资本论》第三卷，人民出版社，2004，第499页。

最关键的是，过早地完全否定农民对生产资料的个人所有权和凭借这些生产资料取得报酬的权利，不利于充分发挥农民在合作经济中的积极性，也不利于动员更多的资金来发展农村合作经济。与此形成鲜明对照的是，股份经济制度则是在不触动农民现有财产（包括生产资料和资金等）所有权的前提下，完全按照自愿、平等、互利的原则，自下而上自由地建立起来的经济组织形式。这一形式对外是开放的，它突破了地域、部门、城乡的分割和界限，人不分公私，地不分南北，所有制不分全民、集体、个体，广泛吸收各方面的资金、人才、技术，发展多形式多层次的横向联合。这一形式对内又是平等的，对任何股份持有者不分级别、规模，都通行“资金共投、风险共担、收益共享”的原则。由于企业的兴衰存亡直接维系着每个人的切身利益，可以调动所有人的积极性，这一形式在经济活动中，完全按照价值形态的一系列指标进行经营管理，有利于取得最高的经济效益。因此，它有着极大的凝聚力和生命力，是中国农村继家庭联产承包责任制之后找到的又一个充满生机的经济组织形式，也是农村改革的又一个突破。股份经济制度在中国农村的建立和发展必将带来合作经济大发展的新时期。

股份经济制度在中国农村的发展不仅有历史必然性，也有现实可能性。一方面，富裕起来的农民手中有大量的闲置资金；另一方面，事实上中国农民对股份经济也并不陌生。20世纪50年代初期，土地改革结束后的农村曾在生产资料私有的基础上广泛实行过土地入股、劳力入股和资金入股的“半社会主义”性质的合作经济形式。最近一两年来，在中国农村这个价值法则能够通用的天地里，农民又普遍发现并马上运用了股份经济型的合作形式。他们在家庭经营的基础上，以股份的形式，集中各种生产要素，实行合作经营。生产资料、资金、劳动积累都可以折价、折值入股，以按劳分配为主，辅以按股分红。实践证明，建立股份经济制度，有利于农村专业化分工和各种生产要素的合理配置，有利于引导农民走上合作化道路，有利于调动农民的积极性。更重要的是，它能把中国农村目前还很低下、很分散的生产力集中起来，创造出新的社会生产力。

文章在总结实践经验的基础上，提出股份经济制度对农村经济形式改造的重要意义。从所有制形式来看，我国农村是在坚持土地等基本生产资料公有制的基础上，实行集体统一经营和农户家庭经营两个经营层次有统有分的办法。包产到户的农户作为合作经济的一个层次，仍然被视为社会主义集体经济的组成部分。但从经营组织形式来看，则存在着包括专业大户在内的家庭经济，以农民联合经营为主要特征的新型合作经济，以乡镇企业为实体的集体经济等多种组合形式。应该看到，股份经济制度是促使这几种生产组织形式协调发展，并逐步统一到社会主义合作经济道路上来的重要形式。

首先，组织股份公司是我国乡镇企业管理体制的改革方向。目前，我国各类乡镇企业已达606万个，就业人数5208万人，总产值1709亿元。其中在人民公社“社政合一”“三级所有”制度下建立起来的企业占近1/5，就业人员和产值约占一半，是我国农村集体经济的主要形式。但是，这些企业名为集体所有，实际上是乡、镇、村所有，多数企业政企不分，仍然是基层政权的附属物。有些企业由于机制呆板、管理混乱、效率低下，成为农村群众的包袱。为了增强乡镇企业的动力和活力，使群众真正成为企业的主人，迫切需要寻求一种同集体所有制相适应的新的管理制度和组织办法。在这方面，江苏省海门县中兴村组织成立股份公司的经验值得借鉴。该村原有5个企业，在改革中经过多次酝酿，于1984年10月组成长虹股份有限公司，全村居民都成为公司股东，按股分配红利。该公司的股票分为两种：第一种是现金股，每股500元，全村居民都可自由认购，共筹集资金95万元；第二种是享受股，是原有生产资料、资金折价计股而成，每股也是500元，但不准兑现和转让。股票按三种情况发行：①按人口，每人四股，体现对原有全部生产资料占有的平等；②按承包土地，每亩一股，体现对参加农业生产的鼓励；③按劳动积累，在过去15年的集体劳动中凡分配满2000元即折一股，体现对过去劳动的承认。通过1年实践，效益很好。与我国乡镇企业的现行管理制度相比，长虹公司的优点是：农民通过股票形式真正掌握了企业的所有权和经营权，消除了政企不分的弊病，有利于处理好经济组织同基层政权的关系；公司的积累将导致股票价值的提高，农民对企业扩大再生产更加关心，有利于处理好积累和分配的关系；

2009年3月，与李铁映、安志文同志合影

公司把工农业经营者的利益合理地结合起来，有利于处理好工农关系。可以说，农民群众的生产资料集体所有在股份经济制度中得到了真正的落实。

其次，股份经济制度有利于把专业大户的雇工经营引导到合作经营的道路上来。随着自给、半自给农业经济向大规模商品经济发展，从事家庭经营的农民在扩大经营规模时，往往出现两种倾向，其一是横向联合，其二是生产资料向大户集中，而一些农户开始在生产经营中依附大户。对于专业大户雇工经济的经济属性，目前争论颇多，主要有“剥削主导论”“利益兼有论”“新型合作论”等。我认为，这主要是一种资金、技术、管理同劳动的初级联合，应根据经济发展的需要，采取股份经济制度的形式，自然而然地将其逐步引导到社会主义合作经济的轨道上来。如辽宁锦县三台子镇农民于永江等人办的罐头厂由雇工经营转为帮工入股、合作经营①。在这里，股金不单纯是集资的手段，而且是旧的生产关系向新的生产关系转化的标志。股份经济制度把生产者的切身利益同专业大户紧紧联系在一起，形成了平等互利的经济关系。工人集生产者和所有者于一身，并以主人翁姿态参加经营管理活动，他们与专业大户共同走上了合作经济的道路，走上了兴旺发达、共同富裕的道路。当然，我们不能幻想雇工经营转向股份经济是一个很快的过程，而应有计划地分步骤引导。

最后，股份经济制度已经成为发展横向经济联系，组织新型联合体的主要形式。我认为，股份经济制度能较好地

① 见1985年4月19日的《人民日报》。

解决农民发展商品经济的资金问题、劳动积累问题、经营规模问题等，因此，农民联合兴办新产业应以直接采取股份经济制度为宜。如果说，股份经济制度在过去生产组织形式的改造过程中主要是调整经济关系的手段，那么它在这里则主要发挥着集中资金、促进生产要素自由合理流动的作用。今天，农民中也不乏有胆识、有气魄的企业家，他们要办大事，必须要借助这一强有力的杠杆。今天，中国农村里到处都在孕育着集资合股办电、开矿、修路以及兴办第三产业的热潮。可以说，农村改革为股份经济制度提供了一个巨大的活动舞台，而股份经济制度又正在推动中国农村在较短的时间内出现根本性的改观。

文章最重要的价值在于认真分析了农村股份经济制度对城市经济体制改革的借鉴意义，并提出了在中国实行混合经济的可能性。

我国经济体制的改革首先在农村取得成功，这对城市经济体制的僵化模式是一个巨大的冲击。农村股份经济的发展又一次对城市提出了挑战。城市经济也是统一的社会主义商品经济的组成部分，农村进行股份经济的实践，城市是否也可以这样办？应当看到，增强企业的活力，是城市经济体制改革自始至终必须紧紧抓住的中心环节，也是城市改革的一项艰巨任务。在改革中，企业与国家的分配关系合理化、固定化问题，国家、企业的长远利益与职工（包括厂长）的近期利益相统一的问题，真正实现政企职责分开，促使企业具备社会主义商品生产者与经营者的行为能力和机制问题，建立资金市场，促进资金在各产业部门间转移和融通的问题，等等，这都要求在城市经济中也进行股份经济制度的试验。目前，应在理论层面提出国营企业股份化和在所有制方面的混合经济问题。其要点是：对国营企业的资产实行股份化。其后，除少数企业需要国家垄断股权之外，其余企业均可吸收本单位职工和社会资金入股，企业自有资金亦可形成企业集体股份或购买其他企业股份。通过个人、集体、国家资金互相投资购股，形成股权多元化的混合经济。实际上，一些国营企业已经开始把职工入股作为调动职工积极性的手段，进行了有益的试验。辽宁朝阳重型机器厂于1983年实行职工投资入股，进行专项技术改造，就收到很好的效益。但是，比起基本上处于市场调节范围内的农村经济组织来说，国营企业股份化在理论和实践上都还有很长的路要走。近期内，似乎可通过三方面进行试验：①部分国营企业吸收职工投资入股，入股者年终可从企业利润中获得不超过股金10%的收入，股金总额暂限制在企业固定资产的30%以内。②通过乡镇企业和城镇集体企业中股份经济制度的建立和发展，为再生产和分配形式、经济立法和行政管理制度方面积累有益的经验。③在城乡经济一体化过程中，发展全民企业和农村集体、个体经济之间的横向联系，冲破所有制形式上的各种壁垒，组建多形式多层次的联合股份公司，使股份经济制逐渐渗透到全民企业中去。

（三）20世纪90年代关于建立股份合作制的建议

20世纪90年代的改革，按照建立社会主义市场经济的方向，在推进现代企业制度改革、价格体制改革、分税制改革等方面迈出了重要的步伐。与此同时，我们也注意到小企业在国民经济中的地位与作用不容忽视，必须按照中央“抓大放小”的战略部署，探索出一条适合中国国情的小企业改革，包括国有小企业和集体小企业改革的新路子。

中国的小企业数量很大，仅就国有小企业和集体小企业而言，都是一个庞大的群体，广泛分布在工业、商业、建筑业、运输业、服务业等许多领域。到20世纪90年代中期，全国乡及乡以上工业企业约有53万个。其中国有大中型企业有1.37万个，加上非国有的大中型企业，共约2万个，其余96%以上均为小企业。与此同时，随着改革中乡镇企业的异军突起，1994年底全国集体企业工业产值占全国工业总产值的比重已从1978年的22%增至40.9%。随着改革的深化，国有小企业同大中型骨干企业一样，在经营方式和管理制度上进行了多种形式的改革。但随着市场情况的变化和竞争的加剧，国有小企业管理体制上的弱点和不足明显暴露出来，主要是管理水平低、经济实力弱、产品结构比较单一、核心竞争力缺失，加上历史包袱沉重，造成大面积亏损。不加快国有小企业改革的步伐，国有企业不合理的资产结构、经济结构和职工结构就难以调整。这个问题也严重制约了整体经济质量水平的提高，增加了经济和社会的不稳定因素。

改革开放以来，中央一直十分关注小企业改革的方式和方向。早在20世纪80年代，国家就提出，小企业可以实行承包、租赁、出售、兼并等措施。党的十四届三中全会通过的《中共中央关于建立社会主义市场经济体制若干问题的决

2010年4月，陪同时任国务院总理温家宝同志会见德意志银行总裁沃克曼

定》在提出建立现代企业制度目标的同时，对国有小企业和集体小企业的改革也提出了具体要求，即“一般小型国有企业，有的可以实行承包经营、租赁经营，有的可以改组为股份合作制，也可以出售给集体和个人”。当时，许多地方解放思想，大胆实践，用很大力量抓国有小企业改革，创造了不少好的做法，积累了丰富的经验，如山东诸城市、广东顺德市等地。改革的形式主要是改组、联合、收购、兼并、接管、股份制、股份合作制、租赁承包经营、中外合资和出售等。总结全国放开搞活国有小企业的形式，可分为两大类：一类是不涉及产权变更的，如联合、承包、租赁、委托经营等；另一类是涉及产权变更的，如收购、兼并、股份制、股份合作制、出售等。对前者，大家看法较为一致；对涉及产

权变更的改革，当时有一些不同看法，主要是担心所有制问题、公有制主体地位问题、国有资产流失问题等。如山东诸城市成功探索国有小企业的七种改革形式，市直32家企业改制后自主经营、自负盈亏，效果很好，无一亏损，没有职工失业，但有人却指责该市是在搞私有化，把时任市长陈光讽刺为“陈卖光”。

从理论上说，我们推进国有和集体小企业改革，不是要改变公有制性质，而是要改变在高度集中的计划经济体制下形成的资源配置方式和企业组织形式，积极探索能够与市场经济相适应，能够促进生产力快速发展的公有制的有效实现形式。在当时的情况下，我坚持认为，实行股份合作制是放开搞活小企业的一种重要形式。股份合作制的定义是以合作制为基础，兼有股份制的特点，实行劳动合作与资本合作相结合的一种新型集体所有制经济的组织形式。在研究中，我提出，股份合作制有四个基本特征：一是职工全员入股，实行劳动合作和资本合作相结合。企业所有在册职工都应认购一定数额的股份，职工具有双重身份，既是企业的劳动者，又是企业的股东，把劳动合作与资本合作有机结合在一起。二是股份合作制是一种新型集体经济组织形式，原有国有或集体企业改制时，资产不应无偿分到个人，应拥有一定比例的集体成员共有、不可分割的资本，以此作为集体股。三是实行民主管理，职工享有平等权利，职工股东大会表决时，采取一人一票制，而不是像股份制那样实行一股一票制。四是以按劳分配为主，税后利润的分配实行按劳分配与按股分红相结合。

在国有和集体小企业改革中引入股份合作制改革概念，

也来源于对马克思关于未来社会中“实行自由人联合体”的理论设想。马克思认为，未来社会是以公有制经济为特征的社会。而公有制的结构和实现形式在不同历史时期会有不同表现，最后做到“在协作和对土地及靠劳动本身生产的生产资料的共同占有的基础上，重新建立个人所有制”[①]。时至今日，我仍然认为，在社会主义的初级阶段，积极探索公有制的多种实现形式是非常有必要的。这一思路我在为1994年召开的中央经济工作会议准备背景参考文件时进行过全面论述，为国务院领导同志准备的讲话稿也采纳了这个意见。国家体改委于1996年专门制定了一份关于城市股份合作制企业的暂行规定，并于1997年正式下发了《关于发展城市股份合作制企业的指导意见》。尽管股份合作制在理论上都曾引起一些争论，甚至有人说股份合作制“非驴非马”，要么搞合作制，要么发展为股份制，它不能成为一种独立存在的企业组织形式。但是在实践中，股份合作制还是展示过其旺盛的生命力的。据国家工商管理部门统计，1995年底，在各级工商局注册登记的城市股份合作制企业有14万家，乡村股份合作制企业达300万家。

1997年5月，国家体改委党组就党的十五大报告中的加快改革开放问题向中央提出20条建议。当时我任国家体改委副秘书长，参与了文件的起草和审定工作。其中第六条建议指出：“股份合作制是一种具有中国特色的企业组织制度。它是兼有股份制特性的合作经济制度，是合作经济在现阶段的一种新型组织形式。其主要特点是：职工在共同劳动的前

① 马克思：《资本论》第一卷，人民出版社，2004，第874页。

提下，以股份制形式共同投资、共同占有和使用生产资料，实行利益共享、风险共担和民主管理，分配方式是按劳分配与按股分红相结合。”

（四）21世纪积极支持非公有制经济健康发展的意见

改革开放以来，我国非公有制经济获得了巨大的发展，在支撑经济增长、促进创新、增加税收、扩大就业等方面发挥着越来越重要的作用。2002年11月，党的十六大第一次提出“两个毫不动摇”的要求之后，民营经济等非公有制经济迎来了一个快速发展的时期。2008年2月，我率中国政府代表团出席冬季达沃斯论坛，在回答中国是否存在“国进民退”问题时，专门用了一组数据来说明非公有制经济在中国的地位和作用：从中国企业数量看，90%以上是非公有制经济；从就业来看，80%以上是非公有制经济贡献的；从工业制造业新增总产值角度看，70%以上来自非公有制经济；在固定资产投资总额中，非公有制经济占60%以上；在国家财税总收入中，非公有制经济占50%以上。与此同时，必须看到，非公有制经济发展也面临很多困难和问题：存在市场准入限制，“玻璃门”“旋转门”屡禁不止的问题；存在融资渠道窄，融资难、融资贵的问题；存在实际税费偏重，企业合法权益遭受侵犯的问题。非公有制经济的营商环境亟须进一步改善，以便在公平、公正、透明的市场竞争中健康发展。

2014年12月，我在中国社科院民营经济研究中心举办的“新常态下民营经济新发展”研讨会上，针对近年来民间投资增长速度下滑，民间投资主体投资意愿不高等问题进行了分析，总结了四点原因：第一，行业垄断阻碍了民间投资的步伐，这是影响民间投资的最大的制约因素。民间投资仍面临“玻璃门”“弹簧门”“旋转门”等问题。第二，当前经济增速放缓也是影响民间投资信心的重要因素，民间的投资、民间的资本对宏观经济形势更敏感，在经济增速放缓，生产价格指数（PPI）长期负增长的情况下作出一些比较审慎的选择也是可以理解的。第三，融资困难增大了民间投资的成本，长期以来，贷款难、融资难、担保难一直是制约民间企业特别是广大中小企业投资的重要原因。国家发改委的报告指出民间经济特别是中小企业的贷款利率一般上浮比较多，最多的上浮30%，民间借贷年化利率高达25%。第四，政策滞后制约了民间投资的发展，这是制约民间投资的老大难问题。

当前民营企业发展还是充满了新的机遇。从总体来看，经济下行压力越大，矛盾和问题越突出，问题倒逼机制对于增强政府推进改革的决心，包括给民间投资、民营企业创造更好的政策环境和制度条件提出了更高的要求。立足于当前要摆脱经济增速放缓、投资不足的困境，应扩大民间投资，弥补政府投资的不足，保持经济持续稳定发展。如果着眼长远，还是要通过改革来激发民间民营经济的内生动力，建立促进民营经济稳定发展的长效机制，这对总体结构调整和经济转型意义十分重大。我曾就此提出五点建议：

一是尽快推出统一的市场准入制度。当前各级政府陆续清理并公布政府的权力清单，但对企业及市场来说，更重要的是负面清单。上海浦东制定实施负面清单的做法，如果带有普遍性，应尽快在全国范围内全面推开，允许企业依法平等地进入负面清单之外的领域，真正做到法无禁止皆可为。

二是进一步破除各种形式的行政垄断。自然垄断领域要按照党的十八届三中全会确定的“政企分开、政资分开、特许经营、政府监管”的原则进行改革，特别是加快开放水、石油、电力、天然气、电信等垄断行业竞争性环节的业务，网络型自然垄断环节的特许经营面向各种所有制主体开放。对那些长期以来民营经济难以进入的领域，要加大改革力度，要有大的改革动作。比如原油进口，社会上一直对此诟病很多，每年进口差不多3亿吨，但主要控制在少数几家央企手里，过去国家对原油进行进口管控，主要是担心盲目竞争，抬高进口油价。但现在世界经济复苏之路曲折漫长，全球原油需求增长放缓，油价从每桶120美元大幅下跌40%。利用这个时间窗口可以探索改革石油进口管制体制，落实党的十八届三中全会提出的“保证各种所有制经济依法平等使用生产要素、公开公平公正参与市场竞争、同等受到法律保护”的要求。稳中求进的关键是稳中有为。只有通过这种实实在在的改革，才能树立和维护改革的形象，同时给民营企业更大活动空间，也给经济实实在在地增加活力。

三是抓紧推进电力、石油、天然气、医药等领域的改革。凡是涉及竞争环节、竞争领域的价格，政府管得越少越好，能放开的要尽量放开。特别是要还原能源的商品属性，形成主要由市场决定能源价格的机制。油价市场化定价机制已经基本形成，完全有条件将最后一步迈出去，即政府制定计价公式，社会中介发布国际油价参考数值变化情况，油企自主发布和调整价格。电价的市场化定价机制尚未形成，目前电力供过于求的形势为形成真正的电力市场和竞价上网创造了条件。电价改革大的思路是“放开两头，管好中间”，即区分竞争性和垄断性环节，政府单独核定输配电价，严格成本监审，接受社会监督。而在生产和消费两头，除居民、农业用电外，放开竞争性环节电价，参与市场交易的发电企业上网电价由用户或市场化的售电主体与发电企业通过协商、市场竞价的方式自主确定。

四是全面清理和废除妨碍全国统一市场和公平竞争的各种做法，破除地方保护主义，包括一些地方的优惠财税政策。2018年初财政部向人大汇报工作时，提出要在全国范围内清理财税优惠政策，但这项工作任务需要其他部门和地方的大力配合，仅靠财政部门很难有效推进。未来应尽快落实有关工作。

五是抓紧修订《中华人民共和国反不正当竞争法》，积极开展《中华人民共和国反垄断法》执法检查。要探索全面取消预算资金对竞争性领域的补贴，清理过度干预微观活动的产业政策，同时要建立健全鼓励充分竞争、有利于各类生产要素平等自由流动、激励创新和企业家精神、保护知识产权方面的竞争性政策，用竞争性政策代替过去那种“挑选赢家”的产业政策。只有加强和完善现代市场体系改革，我国经济才能成功跨越结构调整的阵痛期，焕发新的活力。

（五）新时期完善社会主义基本经济制度的目标与政策研究

从2011年12月开始，我根据中央办公厅的指示，受命主持了“新时期深化经济体制改革问题研究”重大课题，为翌年召开的党的十八大提供基调报告。课题组在分析研究了深化经济体制改革面临的形势和总体目标的基础上，又按中央的要求重点研究了完善基本经济制度、行政体制改革和社会事业体制改革等领域的目标任务和政策措施。2012年4月16日，我代表课题组在中南海怀仁堂向中央政治局常委和党的十八大报告起草组汇报了研究成果。完善基本经济制度的目标任务和政策措施是汇报的重点之一。

关于完善基本经济制度的目标任务，我们提出：

公有制为主体、多种所有制经济共同发展，是我国社会主义初级阶段的基本经济制度，必须长期坚持并随着经济社会发展而不断完善。要进一步增强微观主体活力，促进经济持续健康发展，应对日趋激烈的国际竞争与挑战。未来5年，必须将营造各种所有制经济依法平等使用生产要素、公平参与市场竞争、同等受法律保护的体制环境作为坚持和完善基本经济制度的主要目标任务，积极推进国有经济战略性调整，深化国有大型企业改革，大力支持非公有制经济发展，更好发挥市场在资源配置中的基础性作用，更大程度地激发各类经济主体的市场活力。

关于完善基本经济制度的政策措施，我们提出以下5条建议：

1. 积极推进国有经济战略性调整

进一步明确国有经济的基本职能和定位，合理确定关系国家安全和国民经济命脉的重要行业和关键领域，坚持国有资本有进有退、有所为有所不为，以公开透明、规范有序的方式，积极推进国有企业资产重组和产权转让，推动国有资本向重要行业和关键领域集中，为非公有制经济发展营造更为广阔的市场空间。

2. 推动和深化垄断行业改革

按照完善基本经济制度和保障公平竞争的要求，遵循行业特点和技术经济规律，坚决打破行政分割，强化对自然垄断的规制和监管，建立健全普遍服务机制，形成有效竞争的市场格局。推进铁路体制政企分开、政资分开，分离铁路行业的行政管理职能和企业职能，加快研究网运分离的体制与改革路径。深化电信体制改革，理顺电信和广电管理体制，推动信息基础设施共建共享、互联互通和在有效监管下集成播控有序开放，加快推进“三网融合”。深化电力体制改革，开展电力输配分开改革试点，探索输配分开的有效实现形式，完善电力调度与交易机构组织体制，全面推进农村电力体制改革。推进石油管理体制改革，理顺石油勘探、开采、炼制、流通管理体制，探索建立油气管网公平接入和普遍服务管理体制，推动形成平等竞争的市场环境。鼓励社会资本投资市政公用事业，形成规范的政府市政公用事业投资投入方式、行业服务标准、购买服务和运营监管制度。推进盐业、烟草行业政企分开。深化邮政体制改革。

3. 加快推动国有大型企业改革

推进国有大型企业公司制股份制改革。除极少数特殊领域外，国有大型企业都要加快改制为多元股东持股公司，具备条件的要逐步实现整体上市。确实有必要保持国有独资的国有大型企业要加快实施公司制改革，建立现代企业制度。完善国有大型企业公司治理结构，深化劳动用工、人事和分配制度改革，健全选人用人和激励约束机制。积极推进国有农垦企业和森工企业政企分开，深化国有农垦和国有林业管理体制改革。

4. 进一步完善国有资产监管体制

坚持政府公共管理职能和国有资产出资人职能分开，将各级国有资产监管机构建成专业化的出资人代表机构。逐步将部门管理的经营性资产纳入统一集中、统一监管范围。实行国有企业分类管理制度，强化对涉及自然垄断业务和承担社会普遍服务职责的国有企业政策性目标的考核。扩大国有资本经营预算覆盖范围，逐步形成覆盖全部国有企业、分级管理的国有资本经营预算和收益分配制度，提高国有资本收益用于公共服务和社会保障的比重。完善国有金融资产管理体制，明确国有文化资产出资人代表，理顺并完善行政事业单位国有资产管理体制，健全矿产等自然资源类资产监管制度，切实保障国家所有者权益。

5. 大力支持非公有制经济发展

大力消除制约非公有制经济发展的制度性障碍，完善和落实促进非公有制经济、中小企业和民间投资发展的各项政策措施。建立公平市场准入制度，允许非公有制经济进入一切法律法规未明确禁入的行业和领域，切实做到市场准入标准和优惠扶持政策公开透明，不对民间资本单独设置附加条件。鼓励和引导非公有制企业参与国有企业改制重组，投资基础设施建设，举办市政公用事业，进入金融服务领域，兴办公共服务事业。全面细化和落实促进非公有制经济发展的政策措施，完善金融服务和财税等支持政策，着力解决非公有制初创企业和小微型企业融资难问题。完善非公有制经济发展的法律体系，加强对民营企业产权和其他合法经营权利的法律保护，为非公有制经济长期稳定发展创造良好预期和制度环境。

二 关于计划与市场关系问题的研究

（一）改革开放以来关于计划与市场关系的理论探索

“经济体制改革的核心问题是处理好政府与市场的关系”，这是对党的十八大报告的一句经典性概括。在我看来，对这个问题认识的不断演进，也是中国改革目标模式在实践中不断发展变化的最基本特征。所谓政府和市场的关系，实际上就是在资源配置中，是计划起决定性作用还是市场起决定性作用的问题。改革伊始，时任国务院总理、国家体改委第一任主任赵紫阳同志在与国家体改委党组谈话时就指出，中国改革最关键的任务是解决好两个问题：一个是计划与市场的关系问题，另外一个是中央与地方的关系问题。经济体制改革实际上是改革计划经济。回顾改革40年的历程，我国经济体制改革，始终是围绕正确认识和处理计划与市场关系这一核心问题展开的。

新中国成立以来，中国长期实行的是苏联高度集中的计划经济体制模式。社会主义经济的基本标志就是：公有制、计划经济和按劳分配。而计划经济的根本特征就是否定和排斥市场作用，几乎所有资源配置包括生产、流通、分配都是政府通过国家计划进行的。当时不仅仅是社会主义阵营的国家，甚至西方的经济学者们都坚信一点：市场经济是资本主义特有的，计划经济则是社会主义经济的基本特征。随着改革初期农村家庭联产承包责任制和国有企业扩大企业自主权改革的推进，一部分理论工作者提出以商品经济或市场经济为中国改革的目标。1980年初夏，国务院体制改革办公室起草的《关于经济体制改革的初步意见》提出："我国经济改革的目标和方向应当是，在坚持生产资料公有制占优势的条件下，按照发展商品经济的要求，自觉运用价值规律，把单一的计划调节改为在计划指导下充分发挥市场调节的作用。"因为这份文件开宗明义提出"我国现阶段的社会主义经济是公有制基础上的商品经济，经济体制必须与之相适应"，结果在征求意见时引发一片反对声，后来文件正式下发时只得改为"我国现阶段的社会主义经济存在商品货币关系"。随着20世纪80年代中期改革实践的不断探索和突破，我们对计划与市场关系的认识才逐渐突破了传统观念的束缚。1984年党的十二届三中全会通过《中共中央关于经济体制改革的决定》，第一次明确中国改革的目标是建立有计划的商品经济。邓小平对此评价很高，认为这个决定写出了马克思主义中国化政治经济学的初步成果。1987年党的十三大又进一步补充提出，建立有计划的商品经济和国家调节市场、市场引导企业的经济运行机制。两年后，针对价格闯关受挫等种种原因，一些人对这一提法的攻击，邓小平同志明确表示，党的十三大报告一字不能改。尽管如此，20世纪90年代初期中央文件在计划与市场关系的表述上，一度又回到“计划经济与市场调节相结合”，即社会主义经济还是计划经济而不是商品经济，更不是市场经济。针对党内和理论界在计划与市场关系上的思想交锋和重大争论，还是邓小平同志高瞻远瞩、一锤定音。1992年初，邓小平同志在南方谈话中明确指出：“计划多一点还是市场多一点，不是社会主义与资本主义的本质区别。计划经济不等于社会主义，资本主义也有计划；市场经济不等于资本主义，社会主义也有市场。计划和市场都是经济手段。”邓小平同志的精辟论断，使我们拨开思想迷雾，对计划与市场关系的认识有了重大突破，对中国改革的目标模式也提出了划时代的新概念、新定义，为中国特色的马克思主义政治经济学开辟了新境界。1992年10月召开的党的十四大明确提出：“我国经济体制改革的目标是建立社会主义市场经济体制，以利于进一步解放和发展生产力。”在党的十四大提出市场作用的定位之后，中国一直在市场化改革的道路上探索前行，并不断深化对市场作用的准确定位。例如党的十六大提出“在更大程度上发挥市场在资源配置中的基础性作用”，而不再使用“国家宏观调控下”的定性作为前提。党的十七大提出“从制度上更好发挥市场在资源配置中的基础性作用”。党的十八届三中全会通过的《中共中央关于全面深化改革若干重大问题的决定》则进一步提出“改革的核心问题是处理好政府和市场的关系，使市场在资源配置中起决定性作用和更好发挥政府作用”“建设统一开放、竞争有序的市场体系，是使市场在资源配置中起决定性作用的基础”。作为一个改革理论和实践工作者，回顾这一问题在历次党的重大决定中演变的过程，无疑对梳理自己有关观点的嬗变过程是十分有利的。

（二）20世纪80年代中期对社会主义市场体系的探索

中国改革的目标模式问题，主要表现在对计划与市场关系的定位和表述上。这方面的争论贯穿了20世纪80年代。每个改革者，每个理论工作者，都面临着能否正确回答这个问题的挑战。1984年10月，党的十二届三中全会通过《中共中央关于经济体制改革的决定》，提出了“有计划的商品经济”这一概念，这就为社会主义市场经济的理论与实践发展开辟了道路。当时商品经济的提法尚有争论，市场经济的概念更是禁区。那时我在国务院体改方案办参与改革思路的总体设计，工作之余，就中国的市场体系（实际上是市场经济建设问题）写了一篇文章，共列出十大问题。文章取名《社会主义市场经济体系初探》，发表在1987年第55期的《经济研究参考资料》上，后为《国家体改委通讯》等刊物转载。文章的主要观点包括：

第一，市场体系是社会主义商品经济运行的基础。市场是商品经济的范畴，没有市场的商品经济是不可想象的。市场体系作为商品经济运行的基础，在资本主义社会中，以空前的规模扩大和发展起来；而资本主义社会又凭借着其日益完善的市场体系，推动生产力的发展。但是应指出，市场体系不单单是资本主义特有的经济范畴。在社会主义社会中，由于存在着不同的所有制形式，全民所有制企业也存在着相互独立的经济利益，商品所有权的互换必须通过市场，按照等价交换的原则来进行；由于存在着普遍的专业分工，每一个生产者（包括企业）都要通过市场实现自己产品的价值，并取得他人产品的使用价值。在社会化商品经济中，市场体系可以通过价格、竞争、供求、信用、利率等经济机制的作用，发挥对国民经济进行协调、平衡的功能。因此，在社会主义条件下，经济运行离不开市场体系这个基础，商品生产者离不开市场体系这一经济联系的纽带。

第二，市场体系的建立和发展是对旧模式的突破。在“产品经济”理论占主导地位的情况下，在传统经济模式中，整个社会经济活动被看作是一个为直接满足自身需要而生产的大工厂，商品生产和商品交换被视为与社会主义计划经济格格不入的对立物而加以排斥。这就在实践上导致了我国生产资料市场的萎缩，消费品市场因大量商品凭票证供应而残缺不全，各类市场的整体性被割裂了。与此同时，一整套高度集中的计划管理体制却建立起来了。这种旧模式，用行政系统自上而下纵向分配的封闭式流通渠道代替了完整的市场体系；依靠单一的指令性计划形式，而忽视了以价值规律为依据的各种经济杠杆的调节机制；生产要素的流动、组合与配置，不是通过市场体系中的价值规律和竞争规律来实现，而是服从人的主观意志，这就出现了严重的缺陷和弊端。我们要通过改革建立的市场体系是统一的而不是割裂的，是开放的而不是封闭的，是横向联系的而不是纵向辖属的，是竞争的而不是垄断的。这种市场体系的建立，必然从各方面冲击旧的计划体制、流通体制、金融体制和劳动体制，随着市场体系的发育成长，旧经济模式将被否定和取代，新经济体制的框架将建立起来。

第三，发展市场体系是搞活企业的途径和保证。搞活企业，充分调动企业和劳动者的积极性、创造性，是经济体制改革的中心环节。但是要把企业特别是大中型企业真正搞活，使之成为自主经营、自负盈亏、平等竞争的商品生产者和经营者，没有一个统一开放的市场体系是不可能的。这几年来，尽管我们在改革中采取了一系列扩权让利措施，但是大中型企业的活力仍然不够。一个重要原因就是没有一个完整的市场体系。由于缺乏系统、正确的市场信号，企业难以对宏观政策的调节和市场的变化作出灵敏有效的反应，而常常引发短期行为。在社会主义商品经济条件下，企业的自主权是要在市场上表现和实现的。企业是否享有自主权，不仅表现在可以根据市场需求的变化，随时进行生产的收缩和扩张，决定自己的发展方向；还表现在可以在市场上自主选择各种生产要素。这种权利是企业作为商品生产者的基本标志，它与完整的市场体系是不可分割的。如果把企业比作经济发展与改革中的主角，那么市场体系就是一座宏伟壮阔的舞台。企业只有见市场之世面，经竞争之风雨，才能有活力和希望。

第四，发展市场体系是实现宏观控制的前提条件和有效手段。建立在公有制基础上的社会主义商品经济是计划与市场的统一。社会的一切经济活动既要在市场的基础上进行，又要在不同程度上受国家计划的调节。但是，国家对社会经济活动的计划调节决不能等同于对企业生产和经营活动的直接指挥。“七五”期间，我国宏观管理改革的目标是国家对企业的管理，逐步由以直接控制为主转为以间接控制为主、有效地运用经济调节手段，这就需要一个完整的市场体系。首先，只有建立完善的市场体系，才能建立起科学的决策系统。市场是国家进行经济状况分析和调节决策时的重要信息源，能够灵敏地反映社会需求总量和需求结构的变化。国家作为社会经济活动的组织者和管理者，必须以市场的客观实际和发展趋势为依据，并不断依据市场的反馈检验和校正计划。其次，市场体系通过供求的变动、价格的涨落以及优胜劣汰的竞争，可以对生产和需求发挥有效的调节作用，并引导企业的投资方向，有利于资源的合理配置，提高宏观经济效益。最后，只有建立起完整的市场体系，间接调节系统才能够取代直接调节系统发挥作用。随着市场体系的建立和健全，税收、利率、信贷、价格等经济杠杆才能充分发挥作用。这时，国家与企业之间才能建立起商品经济的关系。国家不再通过下达指令性的实物指标来管理经济，而主要是利用市场机制来贯彻自己的计划意图，通过驾驭市场来引导企业。与此同时，企业不再有理由继续躺在国家身上吃“大锅饭”，还必须对市场信号作出灵敏的反应。可以说，国家对企业的间接控制，就是在国家和企业之间插入市场，市场将来自生产者和消费者的各种信息传递给国家，又把国家的政策信息传递给企业，国家与企业的各种经济联系主要是通过市场来进行的。

第五，市场体系的发展趋势。社会主义市场经济体系有着自己的发展规律，它的发育成长是与商品经济的发展规模相适应的。在旧的经济模式下面，中国的市场体系是低级的、割裂的、残缺不全的。党的十一届三中全会以来的短短几年里，各类市场都通过改革有了不同程度的发展。特别是最近一两年横向经济联系的迅猛发展，使多层次、网络状的市场体系已显露雏形。

消费品市场初具规模。在改革中，日用消费品取消了统购包销，农副产品取消了统购派购，国家计划管理的商品由188种减为23种，工业消费品中1000多种小商品价格陆续放开，按行政命令层层调拨的封闭式、多层次、单渠道的商品批发体系被冲破，全国建立起各类贸易中心2000多个，商业网点从1978年的125万个增加到1300多万个。

生产资料市场正在发育中。通过改革计划、物资体制，国家统配的生产资料由256种减到23种，统配物资的比重也在不断下降，煤炭、钢材、木材、水泥、有色金属、机电产品等都不同程度地进入市场。对一些生产资料实行双轨制价格，增加了市场供应量，使生产资料市场从长期萎缩中复苏。据统计，地方、企业通过市场组织的钢材、木材、水泥已分别占到消费总量的38%、46%、61%。全国共建立各类生产资料贸易中心1254个。

短期资金市场在探索试验中萌芽。一些城市之间开展了金融机构同业拆借业务，促进了资金横向融通。有的城市已形成利率随行就市的小规模短期资金市场。不少城市成立票据交换中心，开展票据承兑和贴现业务。融资工具多样化，一些金融机构代理企业发行股票、债券。沈阳从1985年1月以来，共有227家企业发行股票、债券，筹集资金3亿元，并开始试办有价证券的转让业务。

技术市场有了长足的进展。全国技术贸易机构已达5000个，1985年技术市场完成技术贸易额23亿多元。技术贸易的内容和形式更加丰富，由单项技术转让发展为成套技术转让，从一般技术转让、技术服务发展到技术承包、技术入股，全国形成科研生产联合体1万多个，科研成果的应用率由1980年的20%～30%提高到1985年的55%～65%。

此外，劳动制度的配套改革，全民企业普遍实行劳动合同制，打破了“铁饭碗”、终身制；各地试办各类人才交流中心，使劳动力合理流动开始迈出了步子；在一些大城市还提出了房地产市场的振兴和发展问题。

第六，建立市场体系需要解决的问题。当前我国市场体系的主要问题：一是不平衡，即各类市场的发展很不平衡。初具规模而又比较活跃的主要是商品市场，更确切地说是日用消费品市场，而相当大的一部分生产资料还没有进入市场；资金市场初露端倪，还不是真正意义上的资金市场；技术信息市场缺乏现代化手段，不够完善；劳务市场在理论上还存在争议。二是不配套，主要是市场体系与调控体系的改革不配套，与旧的计划管理体制之间存在较为严重的摩擦和碰撞。包括日用品市场在内的各类市场在行政条块的分割下还没有完全畅通开放，画地为牢，相互封锁，使统一的市场很难建立。统配的生产资料品种仍然过多，比重仍然过大，没有摆脱以分配型为主体的流通体制。一些物资名义上退出统配，但有上放下不放，甚至上放下收的现象，真正进入市场的不多。信贷资金纵向分配和条块分割管理的体制，阻碍了资金的横向融通。三是不健全，主要是市场机制不健全、不灵活，生产资料价格没有理顺，价格背离价值、价格脱离供求的双重扭曲现象阻碍了市场的进一步发展。在市场的管理上也存在一些漏洞和问题。以上问题的存在，有两方面的原因：一方面，各类市场具有不同的特点及发展完善程度不可能完全同步；另一方面，社会主义市场体系的理论基础还比较薄弱，理论的发展大大落后于实践。

第七，市场体系的结构与相互关系。社会主义市场体系是各种社会经济活动的重要枢纽，因此必须是一个完整有序的系统。从总的目标模式看，要逐步建立一个全国统一的、开放式的、多层次的、网络型的市场体系，以满足商品经济发展和全国人民日益增长的物质文化生活需要。为了达到这一目标，首先，市场体系必须具备结构上的完整性，在旧模式中，“人、财、物”是计划调节的核心手段。与此相对应，我们必须建立商品市场（包括生产资料市场）、资金市场、劳务市场，作为市场体系的三个支柱，同时还要有技术市场、信息市场、房地产市场等作为补充。这些要素市场是互相联系、互相补充、互相促进的，缺一不可，必须全方位开放。其次，市场体系还需要有统一性。由于中国地域辽阔，生产力发展与布局很不平衡，参与市场的各种经济成分日益增多，所以中国市场体系的建立可能要走一条从区域市场至统一市场的道路。但是，必须防止出现一些地区和部门从自身利益出发而造成的地区封锁、市场垄断和分割等现象。在全社会范围内建立统一市场，是发展有计划商品经济和利用社会资源最优化的必然要求。最后，建立市场体系还要考虑到布局上的合理性。可以根据全国经济发展的不同情况形成不同层次的市场，如以农村县镇为中心形成的初级市场，以中小城市为中心形成的区域市场，以大城市为中心形成的大经济区市场，在此基础上形成全国统一市场。不同层次的各类市场之间，应相互开放，发展横向的经济联系，最终形成网络。在整个市场体系中，商品市场（含生产资料市场）始终是基础，资金市场、技术市场、劳务市场等都是其有机的组成部分。随着经济体制改革的深入开展以及社会主义商品经济的进一步发展，生产资料市场的建立和完善已成为亟待解决的关键性问题，资金市场的地位也日益突出。为此，我们应在近期把工作重点放在组织和发展生产资料市场和资金市场方面，并积极而更谨慎地逐步开放劳务市场。

第八，生产资料市场的建设和发展方向。生产资料市场的建立，对于搞活企业，实现国家对经济运行的间接调控，都具有重大意义。相对于消费品市场的发展，中国的生产资料市场起步晚，发展慢，很难适应改革与建设的需要，已成为亟待解决的突出问题。因此，我们要经过努力，争取在短时期内建立起一个真正开放的、统一的生产资料市场，即流通中的物资不再由行政管理部门分配、不受条块分割限制、可以自由交易的市场。发展生产资料市场的关键是要理顺生产资料价格，通过采取调、放结合的方法，稳步进行价格体系和价格管理体制的改革。1985年国家放开计划分配调拨以外的生产资料价格，实行计划内外两种价格并行的“双轨制”办法，这是价格改革的重大尝试，也是全面改革生产资料价格体系不可避免的过渡阶段。“双轨制”办法促进了生产资料的供应和节约使用，也推动了更多的生产资料流入市场，有利于经济结构、产业结构、产品结构向合理化方向发展。更重要的是，这个办法给企业提供了一个信号：不要依赖国家平价分配，要增强对市场条件的适应能力和消化能力。这就为国家有计划地调整生产资料价格，使之接近市场均衡价格做好了准备。发展生产资料市场的另一项重要任务是进一步改革计划体制，适当缩小指令性计划的范围和比重，逐步将大部分生产资料有步骤地退出统购统配，扩大指导性价格计划和市场调节的范围。发展生产资料市场，还要积极推进生产资料流通领域的横向经济联系，加强对生产资料市场的管理，以期建立有计划有领导的生产资料市场。

第九，资金市场的建设与发展方向。随着我国经济运行机制的变化，金融对搞活经济和实现宏观控制的重要性越来越突出，进行价格、流通体制的改革，建立生产资料市场，也必须有金融体制的改革紧密配合；对于在商品经济条件下的企业来说，资金市场更是如同供应血液的心脏，直接制约着企业的活力。因此，有步骤地开拓和建立资金市场，加快金融体制的改革步伐就显得非常必要了。针对我国商品经济不发达与信用制度不完善的现状，适应计划、投资等体制改革的进程，先建立和发展短期资金市场，然后逐步发展长期资金市场，这是建立具有中国特色的资金市场的必经之路。当前，首先要解决短期资金拆借市场和票据贴现市场的制度化问题。为了促进资金的横向融通，应充分利用金融机构正常的资金头寸的时间差、地区差、行际差，建立起自由交易的拆借市场；同时要逐步开展票据承兑、贴现、再贴现和票据抵押贷款等业务，建立票据贴现市场。建立这两个市场是发展资金市场的基础性工作，也是建立信贷资金纵向分配体制的突破口，所以应当较迅速地走上轨道，稳定地发展。其次要解决金融组织和金融手段的多样化问题。一方面要打破垄断，开展竞争，允许各专业银行交叉，允许多种所有制形式的不同模式的金融机构发展；另一方面要鼓励有条件的金融组织发行各种股票、债券、本票、汇票等有价证券，并试办有管理的证券交易市场。最后要解决金融组织的企业化问题。基层专业银行先改为企业化经营，这有利于排除行政干预，开展公平竞争，调动银行职工的积极性。基层专业银行有了相对独立的自主权以后，资金市场才会有更大的生机和活力。

第十，加强配套改革，促进市场体系的建立。社会主义市场体系的建立是一项巨大的系统工程，对于促进新旧体制的转换与过渡，使新体制尽快发挥出主导作用有着重大意义。在进行这项开创性工作时，必须注意以下几个问题：①正确处理好“七五”计划期间三个改革任务的关系。即在搞活企业、建立市场体系、转向以间接控制为主这三个相互联系的方面要进行总体设计，配套改革，有主有次地分步实施，避免各项改革措施的脱节、碰车所带来的效益衰减。②正确处理改革与建设的关系。即适当控制基建规模和发展速度，保持社会总需求和总供给的基本平衡，为市场体系的形成提供宽松的环境和良好的时机。而统一的市场体系建立起来以后，将给我国经济带来生机和活力，使国民经济形成良性循环。③加强立法工作，用法律手段支持并促进市场体系的形成，通过法律手段对市场体系进行管理和监督。④加强市场体系的信息交流和管理。通过现代化手段，及时准确地交流和发布市场信息，指导市场，稳定市场，帮助企业和人民熟悉、适应和掌握市场。

在党的十二届三中全会提出“有计划的商品经济”的目标模式后，这篇论文第一次尝试全面、系统地阐释商品经济条件下的市场体系、市场机制的重要性，分析了当时中国市场体系的变化趋势和存在的不平衡、不匹配、不健全等问题，特别是重点论述了完备的市场体系对建立宏观间接调控体系的重要性，强调了建立金融市场、资金

2011年5月，在广东调研期间与时任广东省委书记汪洋同志合影

市场、劳务市场、技术市场和房地产市场的工作着力点。由于当时的理论争论和认识局限，文中市场经济的概念还是用商品经济代替，对资本市场、劳动力市场的表述仍为资金市场、劳务市场这些争议少的概念，但论文明确指出这些要素市场是相互联系、相互补充、相互促进的，必须建立统一、开放、竞争、有序的市场体系，这在当时的历史条件下是具有一定开创性、超前性的观点。

（三）20世纪90年代初对社会主义市场经济基本框架进行研究，最早提出市场在资源配置中起基础性和决定性作用

1992年，以邓小平同志南方谈话和3月中共中央政治局会议为标志，中国的改革开放和现代化建设进入了一个新的历史阶段。为了贯彻小平同志提出的社会主义市场经济的重要思想，国家体改委成立课题组研究建立社会主义市场经济体制的基本设想。这些工作由国家体改委秘书长兼综合规划和试点司司长王仕元同志牵头，我作为综合规划和试点司副司长与另一位副司长曾国祥同志负责具体的组织协调工作。因为王仕元同志后来参加了党的十四大文件起草组工作，我和曾国祥同志实际领导了这项课题的研究工作。课题组在1992年5—6月组织了多次由各级体改委负责同志和理论界专家参加的研讨会，对建立社会主义市场经济的重大意义、社会主义市场经济的主要特征和基本框架进行了系统研究，形成了系列专题报告，以国家体改委参阅件的名义上报中央和

国务院领导同志，为其提供参考。7—8月，课题组在北京实华饭店封闭撰写总报告，其间多次向陈锦华同志和国家体改委党组汇报，并经多次修改，最终在10月5日形成了《建立社会主义市场经济体制的基本设想》。因为此报告是在北京实华饭店编写的，后来也习惯称之为"实华报告"。

"实华报告"的新贡献和突破是，对市场经济新体制不再局限于理论阐释和概念定义，而是对新体制的框架结构进行了全面、系统的规划设计①。

我们在报告中首先明确指出，建立社会主义市场经济体制是历史的必然，"多年来，在计划与市场关系方面有过不同的表述和提法，从传统的高度集中的计划经济，到提出有计划的商品经济，再到党的十四大明确提出社会主义市场经济的理论，是对计划与市场关系认识的两次飞跃。社会主义市场经济这一理论概括，比其他一些表述更准确、更科学、更彻底。它十分明确地指出了计划与市场的有机结合，是在调节国民经济运行和资源配置方面，宏观经济计划起指导性作用，而市场机制起基本的、主要的、决定性作用"②。

报告在阐述社会主义市场经济的重要特征时指出："社会主义市场经济重视宏观调控和法制，不排斥宏观经济计划的作用，但与市场经济相融合的计划不是传统的行政指令性计划，而是以经济政策和经济手段来实现的指导性计划。国家通过计划等手段对经济的干预主要表现在：一是通过经

① 国家经济体制改革委员会综合规划和试点司编《中国改革开放事典》，广东人民出版社，1993，第352页。

② 国家经济体制改革委员会综合规划和试点司编《中国改革开放事典》，广东人民出版社，1993，第534页。

济预测、总量平衡、产业政策和地区布局政策，规定经济发展的基本格局目标；二是弥补市场不足，保障非竞争性的基础产业和公益事业发展；三是制定有关法律和规划，防止垄断，纠正市场的偏差，保证市场机制正常发挥作用。”“国际国内的实践充分证明，市场和计划是经济运行和资源配置的两种不同方式，不是区别社会主义与资本主义的标志。市场经济比计划经济能够更合理地实现资源的优化配置，更有效地调节国民经济运行，更有利于发展社会生产力，增强国家的综合实力，提高人民的生活水平。”①

对于社会主义市场经济的主要特征，报告归纳为六个方面：

第一，一切生产要素进入市场。社会主义市场经济运行的先决条件是，一切生产要素包括资本、劳动力、科技、土地等，都要进入市场，通过生产要素的流动，实现资源和要素的优化配置和组合，要素价格由市场供求和市场竞争来决定。

第二，产权关系明确，利益主体多元。界定企业产权，明确资产责任，这是企业进入市场的前提条件。明确产权关系，必然使利益主体呈现多元格局。市场调节的有效性建立在利益关系的基础上，通过市场信号和利益导向调节企业行为，形成有效的竞争机制。

第三市场机制在实现社会资源优化配置方面起决定性作用。市场提供广泛的供求信息，公平竞争的法律环境和市场规则，使各个经济单元能够自由地进入和退出市场，

① 彭森、郑定铨主编《中国改革20年规划总集：构筑社会主义市场经济的蓝图》，改革出版社，1999，第165页。

在市场竞争中求生存和发展，并作出符合实际、满足各自利益的决策。

第四，市场的统一性和开放性。统一意味着市场的完整和不可分割；开放不仅包括对国外开放，而且包括国内地区之间、产业部门之间以及整个贸易制度的开放。社会主义市场经济排斥和否定任何形式的地区封锁、部门分割和非关税贸易壁垒，必须按国际惯例办事。

第五，平等竞争和经济关系法律化。社会主义市场经济既是竞争性经济，又是法治化经济。各经济主体按照一定的法律和规则运行，在竞争中优胜劣汰。社会主义市场经济不允许任何形式的垄断和不正当竞争，强调市场规则和秩序。

第六，效率和公平原则相结合。既鼓励劳动者个人积极性、主动性、创造性的发挥，并为之提供均等的机会，维护劳动者个人的权益，又强调社会整体利益的一致性，强调市场竞争和适度有效的国家干预相结合；既鼓励一部分人通过自己的诚实劳动、合法经营先富起来，又通过国家调节，防止贫富差距过大、两极分化，强调走共同富裕的道路[①]。

对于社会主义市场经济的基本框架，报告分别论述了要建立适应社会主义市场经济要求的国有企业制度，市场制度，宏观经济调控制度，劳动就业、收入分配和社会保障制度，政府经济管理职能和机构，法律体系和监督制度等六个方面的基本经济制度。以建立适应社会主义市场经济要求的市场制度为例，报告提出：

---

① 彭森、郑定铨主编《中国改革20年规划总集：构筑社会主义市场经济的蓝图》，改革出版社，1999，第167页。

这一改革的基本要求是：形成统一的商品市场、劳动市场、资本市场以及其他要素市场；建立一整套完整的现代市场的组织体系和法规制度；根本改变目前商业、物资、外贸相互分割的流通体制，更好地参与国际市场竞争，形成全国统一的大流通、大市场格局。

以发展要素市场为重点，全面推进市场体系的培育和发展。在积极发展各类商品市场的基础上，积极建立较高层次的农产品生产资料批发市场和期货市场。着力培育和发展包括各种有价证券在内的资本市场，并相应建立起一套有关法规和管理制度。建立劳动力合理流动并可以双向选择的劳动就业制度，全面开放劳动市场。与科技体制改革紧密结合，不断提高技术商品对市场的适应能力，发展一批具有不同功能的技术市场中介组织，加强对信息、技术市场的指导、组织和管理。全面推进土地使用制度和住房制度改革，建立规范的房产、地产等不动产市场。其他产权等要素市场也应当有较快发展，以与统一市场相协调。

建立国家调控市场、市场决定价格的价格形成机制。把竞争性商品和劳务价格放开，由企业根据市场供求变化来决定；极少数垄断性商品、稀缺资源的价格和重要社会公益事业收费仍由国家确定和调节，但必须按照价值

2011年9月，在国务院新闻办举行新闻发布会

规律的要求，根据供求关系适时进行调整；一部分商品的价格要逐步与国际市场价格相衔接；通过调放结合、以放为主，理顺各类商品之间的比价关系。国家通过发布价格信息、调节经济参数和实施保护竞争等措施，对价格形成实行间接调控。

努力促进流通产业现代化，建立高效、通畅的商品体制和流通网络。着力发展跨地区、跨行业综合商社的流通企业集团，逐步形成以各类商贸集团为骨干、大中小批发相结合的批发网络。发展以大型零售企业为龙头的连锁商店，新增多种经济成分并存、大中小结合的零售网络。发展物资配送中心、服务中心等流通服务网点，有计划地发展经纪行、拍卖行、典当行等流通中介组织，积极推进流通社会化。

大力发展第三产业，加速我国经济结构的调整。积极促进服务业、餐饮业、旅游业、金融保险业、信息咨询业、交通运输业、邮电通信业的发展，以适应高水平经济和社会化大生产的需要。尽快分离目前由国有企业承担的社会服务职能，切实减轻企业负担。到20世纪末，第三产业的产值在国民经济生产总值中的比重，由现在27%左右，提高到40%左右[①]。

必须指出的是，“实华报告”撰写的时间是1992年7—8月，并于党的十四大召开（1992年10月12日）之前正式完成上报。1992年初邓小平同志南方谈话发表后，经过激烈的思想交锋，党内外逐渐形成了以建立社会主义市场经济体制为中国改革目标模式的共识。但是这一目标模式作为党的决定被正式确立下来，还是党的十四大报告完成的任务。“实

① 曾国祥、彭森主编《市场经济总构想》，改革出版社，1992，第45页。

华报告”在党的十四大召开前对确立社会主义市场经济体制目标模式进行了全面、系统的阐述，不仅为党的十四大通过的政治决定提供了一定程度上的理论准备，也为翌年11月召开的党的十四届三中全会所作出的《中共中央关于建立社会主义市场经济体制若干问题的决定》提供了必要的政策和技术层面的支撑。该决定把党的十四大确定的经济改革目标和基本原则加以系统化、具体化，是我国建立社会主义市场经济体制的总体规划。而在该决定公布的前一年，我们提交的“实华报告”就多次强调，在社会主义市场经济条件下，“市场机制起基本的、主要的、决定性作用”“市场机制在实现社会资源优化配置方面起决定性作用”；强调要建立完善的市场体系和制度，“一切生产要素包括资本、劳动力、科技、土地等，都要进入市场”；社会主义市场体系应是统一、开放、竞争、有序的，“排斥和否定任何形式的地区封锁、部门分割和非关税贸易壁垒”“不允许任何形式的垄断和不正当竞争，强调市场规则和秩序”。这些观点在当时能够系统地提出来，并逐步为中央决策所肯定和接受，无疑是超前的。完成“实华报告”的是一个团队，我作为组织者之一，能够参与和主持这项课题，为推动中国改革作些贡献，是深感荣幸和自豪的。

需要说明的是，“实华报告”在党的十四大以后，由内部报告转向对外公开发表。我与曾国祥同志主编的《市场经济总构想》一书于1992年11月由改革出版社正式出版，全书共20多万字，书中一些概念和表述更加鲜明和深刻。书中明确提出：“市场在实现社会资源配置中起基础和决定作用。”我同时还公开发表了《关于建立社会主义市场经济的几点思考》[①]一文，文中强调应“以市场机制作为资源配置的主要的、基本的、决定的形式”。这一观点在20年后被写入《中共中央关于全面深化改革若干重大问题的决定》。

（四）关于社会主义市场经济条件下的政府职能问题的研究

政府是一国经济活动的监督管理者、公共权力的行使者、改革创新和社会转型发展的组织者。对于政府职能的定位，同市场机制的定位一样，都是贯穿改革实践整个过程，并在实践探索中不断完善、逐步确立的。在改革开放初期，由于长期实行高度集中的计划经济体制，政企不分、政资不分、政事不分等问题极为严重。企业实际是行政机构的附属物，从中央到地方各级政府包揽了大量不该管也管不好的事务，而许多该管的事又未能管好。但是，在新的经济体制下，不论是有计划的商品经济还是社会主义市场经济，政府职能应该如何定位？如何实现政府职能的转变？这些问题并没有现成的答案。党的十二届三中全会通过的《中共中央关于经济体制改革的决定》在明确中国实行的是有计划的商品经济的同时，仍然强调有计划的商品经济实质“是计划经济，而不是那种完全由市场调节的市场经济”“实行计划经济不等于指令性计划为主，指令性计划和指导性计划都是计划经济的具体形式”“要有步骤地适当缩小指令性计划的范

① 载于《北京统一战线》，1992年11月15日第15期。

围，对关系国计民生和关系全局的重大经济活动，实行指令性计划；对其他大量产品和经济活动，根据不同情况，分别实施指导性计划或完全由市场调节”。《中共中央关于经济体制改革的决定》提出，根据多年的实践经验，政府机构管理经济的主要职能应该是：制订经济和社会发展的战略、计划、方针和政策，制订资源开发、技术改造和智力开发等方案；协调地区、部门、企业之间的发展计划和经济关系等。可以看出，当时政府职能的定位和描述，主要集中在计划方式的改变方面，以重点解决政企不分的问题。党的十三大报告中，提出“国家调节市场，市场引导企业”的概念，这种宏观间接调控的理论和体系是一大进步，但是政府职能的定位还是囿于经济管理方面，须通过改革解决政府对企业微观活力的直接干预过多的问题。

针对上述问题，我们在1992年10月提交的《建立社会主义市场经济体制的基本设想》中专题阐述了建立适应社会主义市场经济体制要求的政府经济管理职能和宏观经济调控制度问题。关于建立适应社会主义市场经济体制要求的政府经济管理职能和机构问题，报告提出：

这一改革的基本目标是，按照“小机构、大服务”和政企职责分开的原则，改革目前与高度集中的计划经济相联系的臃肿、低效的经济管理机构，建立起宏观经济调控权、社会行政管理权和国有资产所有权明确分工的经济管理职能机构。政府作为经济的宏观调控者，主要通过规划预测、制定政策、组织协调等手段，对经济的总量平衡、重大结构等进行间接调控；作为社会行政管理者，主要通过制定法规、提供服务、强化监督等手段，保证市场的发展和公平、公开、公正的竞争；作为国有资产的所有者，可以建立一套科学有效的国有资产管理和经营制度，以保证国有资产的保值增值。在认真转变并重新确立政府管理的职能的同时，相应精简调整有关机构，理顺管理部门之间、国家与企业之间的管理关系。

分离国有资产的管理和经营体系。建立和完善国有资产管理机构，其主要职能是制定有关国有资产管理的法律、制度、政策。建立国有资产经营体系，主要是：改造现有各类投资公司，使之成为国有资产投资控股公司，对企业进行参股、控股；对大型企业集团实行资产授权经营，授权核心企业经营国有资产，负责国有资产的保值增值。

在理顺产权关系、落实企业经营权的同时，按照精简、统一、效能的原则，撤并专业或行业行政管理部门，从体制和政府机构设置上解决政企不分，行政管理部门直接干预企业具体经济活动的问题。

综合经济部门的工作重点要转到加强宏观调控上来，进一步改革计划、财政、金融等部门的管理职能和组织机构，加强经济监督和司法监督。

大力发展各类社会中介组织，如各种形式的行业协会、科技中心、律师事务所、会计师事务所、审计事务所、资信评估公司等。充分发挥其在政府与市场、政府与企业、政府与居民之间的桥梁作用。

关于建立适应社会主义市场经济制度要求的宏观经济调控制度问题，报告提出：

宏观经济调控的主要目标：一是实现国民经济总量的综合平衡，稳定货币，把握国民经济发展速度、物价上涨幅度、国际收支平衡、就业率及人民生活水平提高幅度，保证经济的持续增长和良性循环；二是制定产业政策，引导生产力合理布局和经济结构的调整，促进产业结构的优化和国民经济整体素质的提高。

为了实现以上目标，必须以产业政策、财政政策、税收政策、货币政策、收入政策等间接手段为主，综合运用税率、准备金率、利率、汇率、贴息等经济杠杆，并辅之以完善的法律手段和必要的行政手段，对宏观经济进行有效的调控。总量调节应以货币政策、财政政策为主，配套实施；结构调整要更多依靠产业政策、税收政策，积极发展资本市场以及政府直接投资。

建立以制定和实施中长期发展规划为主的指导性计划体系。通过制定经济发展目标、战略和重大方针政策等，实施贯彻产业政策、技术政策、进出口政策等指导性计划，以及搞好基础设施建设等，实现经济结构的优化。取消指令性生产计划，对国家必须直接掌握的少数战略性物资和保证重点建设生产所需物资，采取国家订货办法。完善国家基本建设基金制，政府直接投资的基金可以委托国家投资控股公司经营，确保国有资产保值增值，加快建设进度，提高投资效益。

中央银行要充分运用再贷款、准备金、基准利率及公开市场业务等灵活有效的调节手段，以保持人民币币值稳定为目标，及时提出有关货币政策和信贷政策的调整意见。逐步实现中央银行按经济区域设置分行，取消中央银行分支机构的利润留成制度，中央银行不再直接开办专项贷款。中央银行对专业银行和非银行金融机构实行间接管理，大部分专业银行改组为竞争性的商业银行。银行的政策性业务采取财政贴息等方式解决。尽快实行有管理的浮动利率和浮动汇率制度。

建立编制国家预算、征收国家税收、管理国有资产三位一体的新型财政管理体制。完善复式预算制，强化财政预算约束。在明确划分事权的基础上，实行中央与地方按税种划分的财税收支分税制。政府国有资产管理部门对国有资产行使管理者职能，不行使经营者职能。

建立以增值税和所得税为主体的新型税收制度。积极推行增值税，统一所有企业所得税率，统一企业财务制度，扩大资源税征收范围。尽快建立个人所得税、财产税、遗产税、赠予税等税种。统一税收，集中税权，公平税负，简化税制，强化征管。

正是在总结了改革15年的经验教训，并广泛吸收改革战线理论研究成果的基础上，1993年11月党的十四届三中全会通过的《中共中央关于建立社会主义市场经济体制若干问题的决定》进一步系统、具体地阐述了转变政府职能，建立健全宏观经济调控制度的问题。该决定提出："政府管理经济的职能，主要是制订和执行宏观调控政策，搞好基础设施建设，创造良好的经济发展环境。同时，要培育市场体系、监督市场运行和维护平等竞争，调节社会分配和组织社会保障，控制人口增长，保护自然资源和生态环境，管理国有资产和监督国有资产经营，实现国家的经济和社会发展目标。

政府运用经济手段、法律手段和必要的行政手段管理国民经济，不直接干预企业的生产经营活动。”

2002年11月召开的党的十六大正式宣告初步建立社会主义市场经济体制。党的十六大报告还第一次概括提出了市场经济条件下政府的四大职能——经济调节、市场监管、社会管理和公共服务；第一次提出宏观调控四个指标的目标，促进经济增长、增加就业、稳定物价、保持国际收支平衡。这些提法即使在今天来看，也是非常准确、规范和正确的。但是比较遗憾的是，在21世纪的前十几年，改革的步伐有所放缓，计划与经济市场的关系反映在行政管理体制方面尤其滞后。主要是：政府职能转变不到位，对微观经济干预仍然过多，社会管理和公共服务仍比较薄弱，部门职责交叉、权责脱节和效率不高问题比较突出，行政权力监督制约机制也不完善。

2007年初，根据中央领导同志指示，我与中编办副主任黄文平同志牵头，组织开展了“加快政府职能转变”专题研究。经过大量调研，我针对市场经济条件下政府四项主要职能存在的问题进行归纳总结，提出：“政府的主要职能转变严重滞后，在经济调节方面主要的问题是越位，在市场监管方面主要的问题是缺位，在社会管理方面主要的问题是错位，在公共服务方面主要的问题是不到位。”这一论断被写入提交中央的正式报告中。我在出席2007年11月举办的第五届中国改革论坛时，对此问题进行了重点阐述，这一论断此后被广泛接受和使用。我在演讲中提出：

经过30年的改革开放，我国政府职能在由直接管理经济运行向间接宏观调控转变方面取得了重大进展，但就完善社会主义市场经济体制的目标来说，特别是在经济社会发展与公共服务需求迅速增长的新形势下，我国政府职能转变依然存在较大差距，甚至在许多方面是滞后的。政府职能的越位、缺位、错位、不到位现象依然存在。

当前，深化行政管理体制改革要以政府职能转变为核心。加快推进政企分开、政资分开、政事分开、政府与市场中介组织分开，把不该由政府管理的事项转移出去，把该由政府管理的事项切实管好，从制度上更好地发挥市场在资源配置中的基础性作用，更好地发挥公民和社会组织在社会公共事务管理中的作用，更加有效地提供公共产品。

以发展改革部门为例，尽管我们做了大量的工作，但是不得不承认，目前还有许多制度和管理模式不适应市场经济发展需要。在国家发改委党组会上，我曾讲过，每年我们花费那么多精力配置资源，搞那么多投资，建那么多项目，能不能按照市场经济要求提几条原则：第一，凡是市场能做的国家不干预；第二，凡是地方政府能做的，中央政府可以不做，把钱转移支付给地方；第三，能够用市场手段解决的就不用行政办法；第四，我们投的钱、搞的项目都要落实责任，进行验收和效益评价。党的十六大以来，中央多次提出，要以改革统揽各项工作的全局，这绝不是一句空洞的口号。大到一个国家、一个政府，小到一个部门、一个单位，不断地进行革故鼎新是非常重要的。只有深化改革，不断创新，才能永葆青春，永葆活力。

（五）新时代对行政管理体制改革的研究

2008年2月，党的十七届二中全会讨论并通过了《关于深化行政管理体制改革的意见》。该意见确立了我国深化行政管理体制的指导思想、基本原则和目标任务，其中第三部分对加快政府职能转变提出了明确要求，特别是对在市场经济条件下，政府如何全面、正确地履行有关职能进行了正面的阐述：要“改善经济调节，更多地运用经济手段、法律手段并辅之以必要的行政手段调节经济活动，增强宏观调控的科学性、预见性和有效性，促进国民经济又好又快发展。严格市场监管，推进公平准入，规范市场执法，加强对涉及人民生命财产安全领域的监管。加强社会管理，强化政府促进就业和调节收入分配职能，完善社会保障体系，健全基层社会管理体制，维护社会稳定。更加注重公共服务，着力促进教育、卫生、文化等社会事业健康发展，建立健全公平公正、惠及全民、水平适度、可持续发展的公共服务体系，推进基本公共服务均等化”。

从2011年12月开始，我又受命主持“深化经济体制改革问题研究”重大课题，为翌年召开的党的十八大提供基调报告。2012年4月16日，我在中南海怀仁堂向中央政治局常委和十八大文件起草组汇报了研究成果。其中行政管理体制改革是汇报的重点之一。

关于行政管理体制改革的主要目标任务，课题组提出：

以转变政府职能为核心，加快推进政企分开、政资分开、政事分开、政府与市场中介组织分开，进一步理顺政府、市场、社会关系，优化政府结构、行政层级和职能责任，提高行政效能，严格依法行政，积极推进服务政府、责任政府、法治政府和廉洁政府建设。按照党的十七届二中全会要求，通过改革，实现政府职能向创造良好发展环境、提供优质公共服务、维护社会公平正义的根本转变，实现政府组织机构及人员编制向科学化、规范化、法制化的根本转变，实现行政运行机制和政府管理方式向规范有序、公开透明、便民高效的根本转变。到2020年建立起比较完善的中国特色社会主义行政体制。

关于推进行政管理体制改革的政策措施，课题组提出：

1. 强化政府基本公共服务职能

建立与国家可支配财力相适应的基本公共服务标准体系，根据经济发展水平动态调整服务范围和标准。合理划分各级政府提供基本公共服务的支出责任和管理权限。建立健全促进基本公共服务均等化的公共财政体制，逐步将常住人口的基本公共服务需求作为财政转移支付的主要依据。创新政府基本公共服务提供方式，引入竞争机制，更多采取购买服务、特许经营、合同委托、服务外包等方式。对于政府直接提供的基本公共服务，强化预算监督、成本核算、目标责任和绩效管理，加强质量效能监督，不断提高公共服务机构的运行效率和服务质量。建立健全基本公共服务评估、监督和激励约束机制。鼓励、支持、引导事业单位、社会组织、经济组织及其他社会力量参与基本公共服务提供，形成政府主导、社会充分参与的基本公共服务供给机制。

2. 加强和改善经济调节、市场监管和社会管理

完善宏观调控体系，处理好短期调控与长期制度建设的关系，更加注重中长期平衡和可持续发展。深化投资体制改革，落实企业投资决策自主权，科学规范政府投资行为，深入推进行政审批制度改革，减少政府对微观经济活动的干预。严格市场监管，强化政府对安全生产和食品药品及重要消费品等质量安全的监管责任，整合和强化监管执法力量。改革完善人口管理制度，建立以居民身份证号码为唯一代码、统一共享的国家人口基础信息库，逐步建立健全城乡统一的户籍管理体制，有序推动进城务工经商人员市民化改革。加快建立公民财产统计制度，逐步健全相关方面的实名登记制度。健全群众诉求表达机制、利益协调机制和权益保障机制，完善社会稳定风险评估机制和社会矛盾调处机制。

3. 理顺政府部门职责关系

按照精简、统一、效能的原则和决策权、执行权、监督权相互制约又相互协调的要求，进一步调整和优化政府组织机构，重点解决定位不清、分工过细、职责交叉等问题，坚定推进大部门制改革。科学配置政府职能，理顺部门职责关系，健全部门间协调配合机制。逐步分离中央决策部门的执行职责，率先探索在预算等关键领域实现决策权和执行权分离，规范监管机构设置和运行，分离监管机构的行政决策职能。加强社会管理和公共服务部门建设，健全管理体制，强化服务功能，保障和改善民生。

4. 优化政府层级结构

按照宪法规定和因地制宜、循序渐进的原则，积极推进建立省直接管理县（市）的体制。加快推进扩权强县改革试点，增强县域经济社会发展活力。全面完成乡镇机构改革，积极推进经济发达镇行政管理体制改革和小城市改革试点。适应城镇化和区域协调发展要求，探索建立有利于推进城市群和区域一体化发展的跨区域行政协调机制。逐步明确划分中央与地方及地方各级政府之间的事权，理顺财政分配关系，实现各级政府财力与事权相匹配。按照各级政府的事权责任设置机构，弱化上下对口，合理确定各级政府的规模。在划分全国性和地方性公共管理事务的基础上，中央政府与地方政府分别设立相对独立的执行机构。调整和规范垂直管理体制，减少垂直管理部门，除专门监督部门外，一般不实行垂直管理体制。

2013年11月，党的十八届三中全会对政府与市场关系

2016年4月，在全国人大机关办公楼会见捷克参议院副议长斯克罗克赫

问题进行了权威性的、结论性的阐述。一方面，《中共中央关于全面深化改革若干重大问题的决定》提出了加快完善现代市场体系的任务，强调“建设统一开放、竞争有序的市场体系，是使市场在资源配置中起决定性作用的基础。必须加快形成企业自主经营、公平竞争，消费者自由选择、自主消费，商品和要素自由流动、平等交换的现代市场体系，着力清除市场壁垒，提高资源配置效率和公平性”。另一方面，该决定提出要加快转变政府职能，全面正确履行政府职能。要“健全以国家发展战略和规划为导向、以财政政策和货币政策为主要手段的宏观调控体系”“最大限度减少中央政府对微观事务的管理，市场机制能有效调节的经济活动，一律取消审批”“加强地方政府公共服务、市场监管、社会管理、环境保护等职责”。这些论述，是中国改革近40年来理论与实践探索的经验总结，也为中国特色的社会主义政治经济学贡献了最重要的理论基石。

三　关于价格改革理论和价格政策问题的研究

（一）价格改革的缘起和20世纪80年代价格改革思路的演化

经济体制的核心问题，是采用何种方式配置资源。在高度集中的计划经济条件下，社会生产、交换、分配都是由计划确定的。指令性价格体系作为计划经济的最重要的杠杆和工具，也是计划经济最重要的基本特征。当时，制定价格的主体与制定计划的主体同为政府机构。计划价格是每年宏观计划的一项核心内容和重要依据。计划经济所推崇的投入产出表编制中强调两大平衡，一是实物的平衡，二是价值的平衡，这主要是通过建立指令性价格体系来平衡和实现的。因此，计划经济国家高度重视价格部门和价格工具的运用。国家的意志，政府对经济关系的调控和平衡，很大程度上是通过价格政策来实现的。

正因为如此，经济体制的转轨，即由计划配置资源转向市场配置资源的过程中，对价格体系的改革就成为带有本质性、标志性的重要任务，这也是风险难度最高的改革任务。中国的改革发端于农村改革，但农村改革取得突破性的进展以后，改革者就面临着一些重大的选择：如何处理企业改革与价格改革的关系？下一个突破口是企业改革还是价格改革？如果从问题导向的原则看，我国长期实行计划经济体制，忽视价值规律的作用，比价关系混乱，很多商品的价格既不反映价值规律，也不反映市场供求关系，市场信号扭曲严重，特别是工农业产品价格剪刀差巨大。据统计，1987年在农副产品收购总额、生产资料销售收入总额和社会商品零售总额中，政府定价的比重分别占到92%、100%和97%。僵化的计划经济体制和定价制度已成为束缚生产力的桎梏。从国际经验来看，不论是“二战”后一些经济体从战时经济转向市场经济，还是苏东计划经济的转轨转型，首要任务都是放开价格管制，发挥价值规律在市场资源配置中的基础性、决定性作用。因此，改革伊始，党和国家就高度重视价格改革工作。邓小平同志很早就指出，“我们要按照价值规律办事，按经济规律办事。搞得好，有可能为今后50年以至70年的持续、稳定、协调发展打下了基础”“真正建立秩序，不理顺价格不行，价格没有理顺，就谈不上经济改革的真正成功”[①]。可见，邓小平同志高度重视价格改革的重要性，将之列为经济体制改革中矛盾的主要方面，是衡量改革是否成功的关键性环节。同时，邓小平同志也重视价格改革与其他改革的综合协调与配合，他多次讲，“只有理顺物价，改革才能加快步伐”“我们要定一个方针，就是要在中央统一领导下深化改革，不仅是价格一个方面的改革，而且是多方面的综合的改革。只有多方面的、综合的改革，才能为价格改革创造条件”[②]。根据邓小平同志的思想和实践探索的经验，党的十二届三中全会通过的《中共中央关于经济体制改革的决定》，全面系统地阐述了建立有计划的商品经济面临的各方面改革任务。一方面强调企业改革，“增强企业的活力，是以城市为重点的整个经济体制改革的中心环节”。另一方面也提出，随着企业自主权的进一步扩大，价格对企业生产经营活动的调节作用越来越显著，建立合理的价格体系更为急迫。各项经济体制改革，包括计划体制和工资制度改革，它们的成败都在很大程度上取决于价格体系的改革。从这个意义上说，“价格体系的改革是整个经济体制改革成败的关键”。

价格改革面临的另一个重大选择，就是改革的具体路径

---

① 邓小平：《邓小平文选》第三卷，人民出版社，1993，第131页。

② 邓小平：《邓小平文选》第三卷，人民出版社，1993，第278页。

是以调为主，还是以放为主，或者是调放结合？苏东一些国家早期曾推出过日用品价格的双轨制，波兰因为放开食品价格过急过快造成工人罢工和波兰共产党下台，这些都是前车之鉴。因此，改革初期实际上是以调为主，调放结合。1978年12月召开的党的十一届三中全会，原议题就包括农产品价格调整议题。在确立解放思想、实事求是的思想路线的同时，十一届三中全会还通过了农产品调价方案："建议国务院作出决定，粮食统购价格从1979年夏粮上市的时候起提高20%，超购部分在这个基础上再加价50%。"这实际上就是姚依林同志提出的粮价"三层楼"方案：粮食出现统购价、超购加价和市场价。如此看来，中国的价格双轨制早在20世纪70年代末就在农产品领域产生了。20世纪80年代初，按照"以调为主"的思路：从1982年开始，陆续放开了510种小商品价格；1983年调整化纤品、棉纺品价格，取消了实行多年的布票；1984年全面放开小商品价格；1985年取消粮食统购，改按合同定购，价格按"倒三七"即30%按原统购价、70%按超购价收购。与此同时，生产资料价格随着扩大企业自主权开始，出现双轨制价格。1984年5月10日，国务院下发《国务院关于进一步扩大国营工业企业自主权的暂行规定》（国发〔1984〕67号文件），规定企业在完成指令性计划后，对于超产部分的价格允许在不高于计划价格20%的范围内浮动。1985年1月，国家物价局、国家物资局联合下达的《关于放开工业生产资料超产自销产品价格的通知》进一步扩权，规定取消20%的价格浮动限制，超产部分的价格由供需双方自由议定，国家不加干涉。此文件一出，生产资料价格双轨制成为普遍现象。

2018年5月，在北大120周年校庆活动中讲话

价格双轨制的出现，在一定程度上刺激了企业生产的积极性，价值规律和供求关系在一定程度上开始发挥作用，这是市场化改革的重要一步。1985年夏，在“巴山轮会议”上，波兰经济学者布鲁斯曾经指出：“中国对生产资料实行价格双轨制，可能是一个有效的办法。”这种办法有利于从行政管理直接定价平稳过渡到市场定价，成为一座桥梁。同时他也警告：“实行价格双轨制的时间无论如何不能持续太长。”

经历调放结合、以调为主的价格改革阶段，到1986年中央政府统一定价的商品由113种（类）减少到25种（类），农副产品收购总额、生产资料销售收入总额和社会商品零售总额中，市场定价的比重已大幅提高到65%、40%和55%。中央对价格改革的进展开始也是满意的。1985年7月11日，邓小平同志在听取胡耀邦汇报时指出：“十二届三中全会以来9个月的实践证明，物价改革的路子是对的。改革的势头好，要坚持下去，这个路子必须走。”①

一方面，价格改革初战告捷，使从中央到地方的改革者深受鼓舞；另一方面，价格双轨制的弊端也开始显露，这都

① 中共中央文献研究室编《邓小平年谱（1975—1997）》，中央文献出版社，2004，第1059页。

逼迫中央下决心加快价格改革步伐。1986年1月，吴敬琏代表周小川、楼继伟等提出了以完善宏观控制为目标，进行三个基本环节配套改革的思路。这三个基本环节是：①增强企业的自主权和经济责任，改变政企不分的状况和实现所有权与经营权适当放开。②建立和进一步完善竞争性市场，采取多价联动、价税联动的方式，对价格或调或放，或调放结合进行改革。③建设宏观调控体系。赵紫阳在1986年3月召开的中央财经领导小组会议上明确提出，当前这种新旧体制胶着对峙、相互摩擦、冲突较多的局面不宜拖得太久。因此，1987年、1988年需要采取比较重大的步骤，促使新的经济体制能够起主导作用。“具体来说，明年的改革可以从以下三个方面去设计、去研究，第一点是价格，第二点是税收，第三点是财政。这三个方面的改革是相互联系的。”“关键是价格体系的改革，其他改革围绕价格改革来进行。”[①]我作为国家体改委工作人员，见证了20世纪80年代中期价格改革的探索、决策过程，并直接参与了之后成立的国务院经济体制改革方案研究领导小组办公室的工作。

1986年6月30日，我在《经济日报》第2版发表署名文章，题目是《实现新旧体制转换至关重要》。文章回顾了《中共中央关于经济体制改革的决定》发布以后的1年多来，城市改革紧紧围绕搞活企业这一中心环节，有步骤地进行了计划体制、价格体系、国家管理经济职能等方面的综合改革。“由于在改革实践中，逐步把计划经济和市场机制有

① 彭森、陈立等：《中国经济体制改革重大事件》上册，中国人民大学出版社，2008，第317页。

机地结合起来，这就使得新旧两种体制并存、互相交叉、逐步过渡成为我国当前经济生活中的显著特点。”文章特别指出：“新旧两种体制的同时并存既显示着我国的改革在空前的宽度和深度上取得了进展，同时也给改革带来了新的矛盾和问题：模式转换中出现的管理真空，将使宏观控制的难度大大增加；新旧体制的摩擦，使得企业的微观机制短期内难以合理；价格双轨制中的漏洞和法制不健全，又使得不正之风和经济犯罪活动有了可乘之机。因此，尽快结束两种体制并存、谁也不起主导作用的局面已是至关重要。在今年巩固、深化、补充、改善已有的改革措施和做好充分准备的前提下，明后两年应迈出重要一步，促使新的经济体制起主导作用。”

经过紧张高效的研讨和修改，国务院经济体制改革方案研究领导小组办公室提出了价、财、税联动改革方案，拟以调放结合、先调后放的方式进行改革。首先改革对企业生产决策起主要作用又严重扭曲的六大类生产资料价格，根据市场供求关系，争取一步调整到位，然后经过观察、调整，条件成熟时放开价格实现并轨。第一步调价采取价、税联动方式，原材料生产企业新增的利润，国家通过设立调节税集中起来，再由政府补贴给下游加工企业。在价、财、税联动改革中，形成生产资料和消费品市场，为企业创造平等竞争的市场环境，实施并逐步完善分税制财政体制。这个方案经多次测算、修改，原拟对六大类生产资料价格先调后放，后调整为先以钢材为代表品调整、放开价格，但考虑到操作复杂和通胀风险，方案最终没有出台。

鉴于20世纪80年代中后期价格双轨制产生的经济生活中的信号混乱、市场失序、寻租和“官倒”引发严重腐败等一系列问题，中央在1988年决定加快价格改革步伐，推动双轨制价格向市场价并轨。邓小平同志于1985年5月19日会见外宾时说到，价格改革会有风险，“准备先放开副食品，再放开原材料价格。这是我们10年来胆子最大的行动。中国历史上有过过五关斩六将，我们可能比关公还要过更多的关、斩更多的将”[①]。中共中央政治局第十次全体会议讨论通过了《关于价格、工资改革的初步方案》。1988年8月19日新华社发布通稿称，会议认为，价格改革总的方向是：少数重要商品和劳务价格由国家管理，继续由国家根据实际情况进行有升有降的调整；绝大多数商品价格放开，由市场调节，以转换价格机制，逐步实现“国家调控市场，市场引导企业”的目的。会议还提出，用5年左右时间，初步理顺价格关系[②]。至此，中央正式作出了价格闯关的决定。但是，由于价格改革措施集中出台，当年经济关系过于紧张，投资、消费增长过快，引发了较高的通货膨胀和群众抢购、挤兑风潮。到1988年8月，物价上涨幅度超过30%，创下了历史纪录，国务院不得不采取保值储蓄等经济、行政措施稳定局面。1988年8月30日，李鹏总理主持召开国务院常务会议，提出“稳定经济，深化改革”的方针，特别申明，“绝大多数商品价格放开，由市场调节”，是经过5年或更长一点时间的努力才能达到的长远目标。1988年9月15日中央政治局

① 曾国祥、彭森主编《市场经济总构想》，改革出版社，1992，第104页。

② 曾国祥、彭森主编《市场经济总构想》，改革出版社，1992，第108—109页。

会议正式作出治理经济环境，整顿经济秩序，全面深化改革的决定。《关于价格、工资改革的初步方案》最终没有下发实施。至此，价格改革调放结合，以调为主，先调后放的阶段基本结束。

（二）20世纪90年代对价格形成机制问题的研究

经历了2年的治理整顿以后，以邓小平同志南方谈话为标志，中国改革的目标模式转向建立社会主义市场经济。价格改革已进入调放结合，以放为主，加快并轨的新阶段。1992年夏，我在主持开展“建立社会主义市场经济体制的基本设想”课题时，组织同志们对适应社会主义市场经济要求的价格形成机制问题进行了专题研究。课题组提出了市场经济条件下价格形成机制的目标模式应该是“建立国家调控市场，市场决定价格，价格引导资源配置的价格形成机制”。这种目标模式的基本点是：第一，把绝大多数竞争性商品和劳务价格放开，由企业根据市场供求变化决定；少数垄断性产品价格和社会公益性事业收费，仍需要由政府制定或控制。第二，对放开的价格，用反映商品交换规律的市场法规加以约束，在特定条件下还可作临时的行政干预。第三，政府对价格形成的影响是用经济手段实行间接调控。如提供市场预测，汇集和发布价格信息；通过调整经济参数，如控制货币供应量、利息和税率等手段，影响市场供求关系的变化①。

① 曾国祥、彭森主编《市场经济总构想》，改革出版社，1992，第294—295页。

课题组认真分析了当时价格机制存在的问题，主要是：①从定价主体看，政府定价的商品仍然偏多。在全部商品包括农产品、零售日用品和生产资料中，市场定价部分约占55.8%，而国家定价和指导价分别还占25.8%和18.4%。②从市场导向看，企业定价自主权不落实，800户大型企业自主定价比例不到40%。③从政府调控方式看，价格管理不规范。④从比价关系看，价格结构不合理，能源、原材料等基础产品国家定价偏低，价格双轨制矛盾突出。⑤从市场运行秩序看，价格法制不健全。

我们认真研究了20世纪90年代价格改革的阶段目标、推进方式和配套关系。关于阶段目标，我们总的判断是："目前，日用消费品价格改革已基本过关。但是生产资料价格双轨制和扭曲的价格体系仍严重影响着市场机制作用的发挥。价格改革对建立市场经济体制至关重要，必须加快价格改革的步伐。20世纪90年代的价格改革，当时拟分两步推进：

第一阶段（1993—1995年），改革的主要任务是：将大多数竞争性商品和劳务价格放开，由市场决定；有计划、有重点地分年分批缓解和理顺一些现在严重扭曲的产品比价关系。

第二阶段（1996—2000年），改革的主要任务是：逐步建立起少数垄断性商品价格由国家管理，绝大多数商品价格放开由市场形成的价格机制。"

关于推进方式，我们提出："深化价格改革的基本思路是，在今后几年尽快放开仍由国家定价的日用工业品和农产品价格，同时，对生产资料价格，坚持调放结合、以放为主的方针，争取三五年内完成并轨任务。

对绝大多数产品和劳务价格，要有计划、有步骤地逐步放开，由市场决定。当前，首先利用这一阶段经济环境较为宽松、市场相对稳定、有效供给增长较快的有利时机，放开绝大多数中间产品和最终消费品的价格。择机放开粮食、棉花等农产品的购销价格，理顺国家与农民的关系，国家按市场价优先订货，建立农产品风险基金和国家调控的储备制度。生产资料价格大多数要放开，少数价差悬殊、供求矛盾严重的产品价格要逐步放开，向市场价靠拢，以逐步解决生产资料价格双轨制的问题。

积极稳妥地推进价格结构调整，使行业比价关系逐步趋于合理。主要是垄断产业和资源约束性强的基础性行业的产品价格，如能源、电力、交通、大型机械、钢铁、化工等，要实施调放结合，向国际价格靠拢，实现与国际价格对接。逐步解决这些产品价格严重不合理的问题，目标是取消国家补贴，使其具有自我发展的能力。

坚持能源、交通、少数工业原材料，以及重要公用设施的价格和服务收费，继续由国家制定或控制，但应按照经济成本和供求状况适时适度进行调整，以保证经营这些行业的企业在正常情况下能够获得相当于社会平均利润水平的利润，并有效地防止因一些基础行业或基础产品的价格盲目波动而影响经济稳定。”

在课题研究中，我提出，建立社会主义市场经济体制必须进行配套改革，主要应处理好三方面的配套关系：

第一，以国有资产产权股份化为纽带的企业经营机制、产权制度、社会保障制度和转换政府管理职能的配套改革。

第二，以投资体制改革为核心的计划体制、企业制度、税收和金融体制的配套改革。

第三，以价格改革为中心的计划、流通、财政、税收以及某些工业行业的配套改革。

20世纪90年代的价格改革，实际上也确实是按照调放结合，以放为主，加快并轨的思路推进的。我们注意正确处理好改革、发展、稳定三者的关系，利用3年治理整顿过程中经济增速放缓，经济环境相对宽松，供求关系逆转，卖方市场转向买方市场的时机，加快价格双轨制并轨的步伐，效果很好。1993年，粮食价格全面放开。当年粮食产量已达到4.5亿吨，人均占有量超过400公斤。在生产资料方面，1993年放开钢材和大多数机械产品价格；1994年放开煤炭价格；1995年以后，除电、油以外，多数重工业产品都实现了价格双轨制并轨。某些重要生产资料的国家指导价格保留了几年，到20世纪90年代后期也全部取消了。1988年实行价格闯关时曾预计，价格放开后，要有5年时间，每年要承受10%以上的通货膨胀压力。但是由于采取了渐进式的市场化改革思路，坚持调放结合、以放为主的方针，同时严格控制货币发行和通胀水平，实践中，只有3年的通胀率超过了10%（其中1993年为14.7%，1994年为24.1%，1995年为17.1%），基本完成了1988年价格闯关时设定的改革目标和任务。

（三）国际金融危机背景下的中国价格改革问题研究

2008年国际金融危机爆发时，我正担任国家发改委副主任，分管工作包括价格调控和价格改革。2009年7月30日，我在出席中国价格论坛时发表演讲，专门分析了价格改革面临的客观条件和主要任务。我在演讲中提出，改革是经济社会发展的不竭动力，这次国际金融危机不仅对我国经济运行产生了严重冲击，也使一些长期制约经济社会健康发展的体制机制矛盾更加凸显，使改革必要性和紧迫性显得比以往任何时候都更为突出。价格改革的作为经济体制改革的关键环节，更是迫在眉睫。

关于推进价格改革的必要性和紧迫性，我特别强调提出：

“价格是市场的核心，推进价格改革既是完善我国社会主义市场经济体制的客观要求，又是应对国际金融危机，促进社会可持续发展的迫切需要。一是完善体制机制，促进资源合理配置的客观要求。当前我国宏观调控下主要由市场形成价格的机制基本确立，但在一些重要领域，如资源环境、公用事业、垄断行业等方面，价格形成机制还有待进一步完善，价格构成不完全、比价关系不合理等问题仍然存在，不利于实现资源合理配置，在一定程度上阻碍了经济的正常发展。因此，必须加快推进相关领域的价格改革，建立更为科学的价格形成机制，更好地发挥价格杠杆的调节作用，提高资源配置效率，促进国民经济又好又快发展。二是推进节能减排，加快转变我国发展方式的迫切需要。能源资源和环境约束是当前我国经济社会可持续发展面临的主要问题。通过推进资源性产品价格和环保收费改革，使价格水平和收费标准能够反映市场供求关系、资源稀缺程度和环境治理成本，引导各方面积极采取节能降耗、治污减排的措施，实现我国经济由高投入、高消耗、高污染的粗放型发展方式向主要依靠技术进步的集约型发展方式转变，既是节能减排，建设“两型”社会的需要，也是应对金融危机，增强经济发展后劲的需要。三是积极扩大内需，促进经济结构调整的重要手段。从深层次来看，我国经济社会发展长期以来外贸依存度过大，国内需求特别是消费需求相对不足，这是国内经济发展受国际金融危机冲击较大的原因。深化价格改革，理顺价格、收费、税收之间的关系，营造良好的消费和投资环境，保持合理的价格水平和比价关系，促进国内消费和投资需求增长，是推动我国经济增长由主要依赖出口向主要依靠内需转变的必然要求。”

关于推进价格改革的有利条件和不利因素，我作了如下分析：

“从当前情况看，我国已经具备了加快推进价格改革的诸多有利条件。一是有坚强的政治保障。党的十七大报告和今年的政府工作报告中均明确提出要推进价格改革，温家宝总理在政府工作报告中更是将价格改革摆在财政、金融、国企、社会保障改革之前，作为当前推动各项改革的重中之重。二是有雄厚的经济基础。经济经过近年来的快速发展，当前我国经济总量已跃居世界第三位；财政收入连续多年保持高速增长；外汇储备位居世界第一，为保障价格改革的顺利推进提供了坚实的物质基础。三是宏观环境有利。受金融危机影响，近期我国价格总水平持续低位运行，年内可能继续处于低位；而随着政府应对危机一揽子政策效应的逐渐显现，我国经济企稳向好，为加快推进价格改革提供了宽松的外部环境。四是有30年价格改革的丰富经验。在改革时机上，注意合理把握；在改革方向上，坚持市场取向；在改革方式上，坚持循序渐进；在改革举措上，坚持统筹兼顾；等等。这对今后价格改革具有很强的借鉴和指导意义。

但同时我们也必须看到，最近价格改革依然面临多方面的制约。一是受体制机制的制约。价格改革作为经济体制改革的一个环节、一个方面，必然受到其他方面改革的制约，在相关体制机制改革尚未到位以前，价格改革不可能单兵突进。二是受利益格局的制约。当前，价格改革意味着利益格局的调整，涉及中央、地方、部门以及国家、企业、个人等多个层面，而不同社会阶层对改革的认知和诉求存在较大差异，协调各方、推进改革的难度加大。三是受社会承受能力的制约。目前改革的重点集中在电力、成品油、天然气、供水、教育医疗等公用事业、公益性服务行业，这些领域的价格改革客观上将增加企业、个人和社会各方面的负担，在当前就业压力巨大、企业经营困难的情况下，价格改革必须考虑社会各方面的承受能力。四是受价格改革复杂性的制约。由于任何一项改革都是一个复杂的工程，即使改革方向和目标一致，各方也可能对具体改革措施和路径的认识存在差异，价格改革的推进难免受到制约。”

关于当时价格改革的主要任务，我从完善社会主义市场经济体制的要求和当时社会经济发展的客观需要出发，提出当时及“十二五”时期，我国价格改革的重点主要集中在以下三个方面：

“一是资源性产品价格和环保收费改革。推进资源性产品价格和环保收费改革既是节能减排的客观要求，也是完善社会主义市场经济体制的重要内容。2008年底，我们成功推出了成品油价格和税费改革，迈出了改革的重要一步。今后要继续按照市场导向、污染者付费和统筹兼顾、积极稳妥的原则，推进资源性产品价格和环保收费改革。第一，进一步深化电价改革，逐步建立规范的输配电价形成机制，积极探索竞争性的上网电价和销售电价形成机制，调整销售电价结构，减少销售电价中的交叉补贴。当前的重点是尽快完善煤电价格联动机制，开展大用户直购电双边交易试点、发电企业全电量竞价上网试点和大用户部分电量双边交易试点，并视客观条件，逐步放开2010年新核准机组上网电价。第二，完善天然气价格形成机制，逐步建立供气企业与用户协商定价机制，按照可替代能源比价、市场供求关系自主确定天然气价格。政府负责制定天然气定价规则和直接监管具有自然垄断性质的管道运输价格。第三，积极推进水价改革，逐步将污水处理费提高到合理补偿污水处理成本的水平，推行居民生活用水阶梯水价制度和超定额累进加价制度，在农村灌区实施用水终端水价制度；进一步完善水资源费征收管理制度，加大对自备水源企业、单位水资源费的征收力度。第四，完善排污、垃圾处理等环保收费制度，进一步提高征收标准，改进征收方式，扩大征收范围；积极探索开展排污权交易试点工作。与此同时，也要逐步推进相关财税体制、利益调节机制和企业运行机制的改革，保障价格改革目标顺利实现。

二是民生价格监管方式改革。价格直接关系到人民群众的切身利益和企业的经济效益。在当前国际金融危机背景下，进一步加强和改进民生价格监管，既是维护人民群众合法权益的必然要求，也可以减轻社会负担，促进企业投资和居民消费增长。第一，要进一步理顺价格、税收和收费之间的职能关系，继续加大清费治乱减负工作的力度，逐步减少收费项目，降低收费标准；研究完善行政事业性收费管理办法，规范行政事业性收费管理，给中小企业、民营企业发展营造良好的外部环境。第二，完善粮食、生猪等主要农产品价格形成机制和调控体系，健全农产品价格支持政策，缓解农产品价格周期性波动，加强农资价格监管，促进农业增产和农民增收。第三，进一步加强改进垄断行业价格监管，建立健全包括工资成本在内的垄断行业成本控制和约束机制，促进形成合理的收入分配机制，维护社会公平。第四，按照医疗卫生体制改革的总体部署，抓紧推进医药价格和医疗服务价格改革，改进药品价格核定方法，合理制定基本药物价格；探索建立医疗服务由利益相关方参与协商的定价机制；研究对常见病、多发病等推行按病种收费的价格管理方式，切实减轻患者负担。第五，改进房地产价格与收费的监管，加大保障性住房价格管理力度，严格审核经济适用房价格和廉租住房租金。

三是改革完善价格总水平调控体系。保持价格总水平基本稳定，是政府宏观调控的主要目标之一，是价格主管部门的重要职责。当前绝大多数商品和服务价格放开由市场形成，加之部分重要能源资源价格受国际市场影响较大，保持价格总水平稳定的难度越来越大。要继续做好价格监测预警工作，逐步建立健全覆盖生产、流通、销售、库存等各个环节的实时价格监测体系，进一步加强对国际市场原油、钢材、铁矿石、粮食、大豆、棉花等大宗商品的监测。这是做好价格总水平调控的基础。应充实和完善价格调控手段，特别是进一步丰富对重要商品价格的调控手段。建立和完善重要商品储备制度，利用储备吞吐稳定价格，加强价格调节基金的征收、管理和使用，发挥其扶持生产、促进流通、稳定市场、平抑物价等方面的积极作用；完善价格异常波动时期限定差价率或利润率、提价申报、调价备案等价格干预措施。努力争取国际市场大宗商品定价话语权，积极参与国际大宗商品价格协调机制建设，完善国内期货市场的微观结构和功能，使我国获得与进口需求相匹配的国际市场价格话语权，维护国家经济利益。”

（四）新时期关于稳价安民几个重大关系的思考

我在主持价格调控和价格改革的工作中深深体会到，保持物价总水平基本稳定，是关系群众利益和经济社会发展全局的重要工作。党中央、国务院历来高度重视物价工作。特别是2010年以来受国际金融危机和国内宏观政策扩张的影响，通货通胀率出现21世纪以来的新高，迫使中央政府把稳定物价总水平作为宏观调控的首要任务，通过采取一系列稳价格、强监管、安民生的措施，物价快速上涨的势头得到遏制。2012年初，我在国家发改委内部会议上提出，当前稳价安民的任务仍然十分艰巨，关键是要妥善处理好四个重要关系。这个讲话经过整理后，发表在2012年第8期的《求是》上。该文的主要观点是：

第一，稳定物价与经济增长的关系。

经济增长、充分就业、物价稳定和国际收支平衡，是市场经济国家宏观调控的四大目标。如何处理好经济增长与物价稳定的关系，是世界各国普遍面临的难题。

我国社会各界对这一关系也存在不同认识。有观点认为中国可以同时实现高增长和低通胀，就像2000—2006年，国内生产总值年均增长10%，居民消费价格总水平年均增长1.2%。现在看来，那段时间的高增长、低通胀与中国加入世界贸易组织和美国信息技术创新带来的“新经济”等因素密切相关，是特殊现象，不是经济运行的常态。希望中国长期保持高增长、低通胀，只是一个美好的愿望。统计分析表明，改革开放以来，经济年均增长9.6%、价格总水平年均上涨5.4%，其中1978—1999年价格总水平年均上涨7.1%。

作为世界上最大的发展中国家，我国将长期面临“两个不可避免”的趋势。一是随着城市化进程的加快和城乡居民消费水平的不断提高，农副产品的需求将不断增加，价格出现上涨趋势不可避免。二是由于我国人多地少、人均资源占有率低，资源性产品价格、劳动力工资和环境保护成本等上涨的趋势也不可避免。据统计，2005—2010年，我国工业企业原材料燃料动力购进价格指数累计上升了42%，土地交易价格累计上升了79.2%，农村用工成本累计上升了1.36倍。这些成本，迟早都要反映到最终价格上。

需要强调的是，物价上涨与通货膨胀虽有联系，但绝不能简单地把物价上涨等同于通货膨胀。在经济转型、快速发展阶段，适度、温和的物价上涨不仅是难以避免的，也应是可以承受的。我们在完善社会主义市场经济体制过程中，需要推进资源性产品价格和环保收费改革。这在客观上会增加企业生产和城乡居民生活成本，引发一定程度的价格上涨。但只要物价涨幅控制在一个合理区间内，明显低于经济增速，明显低于居民收入增长幅度，那么，这种适度、温和的物价上涨就是社会可承受的，也是宏观政策可容忍的。

人们可能错误地理解为这是一种“通胀无害论”，甚至是“通胀有益论”。实际上，我们强调的是在经济快速增长的过程中，一定程度的价格上涨难以避免，这恰恰说明了保持物价稳定的艰巨性和复杂性，说明了稳定物价工作的长期性。

第二，政府与市场的关系。

30多年经济体制改革取得突破性进展的一个明显标志，就是通过调放结合，逐步放开了数以万计的国家控制的产品价格。目前，90%以上的生产资料价格、95%以上的生活资料价格已由市场决定。但在现实中，对于价格形成仍然存在片面认识。一种观点是既然要由市场形成价格，政府就不应该“管”价格；另一种观点是“政府万能论”，特别是2008年国际金融危机以来，这种观点重新抬头，在不少领域还有所强化。因此，厘清政府与市场的关系十分必要。

首先，必须始终坚持社会主义市场经济体制的改革方向。改革实践证明，充分发挥价格的市场信号作用、经济杠杆作用，更有利于发挥市场主体的内在动力和创造性，从而有利于解放和发展生产力。今后，要继续坚持市场化的方向，进一步加快垄断行业的改革，引入竞争，打破垄断，促进价格合理形成。能够放开的价格，要创造条件进一步放开；暂时不能放开的，要逐步完善价格形成机制。

其次，市场失灵并不等于政府万能。市场从来不是万能的，特别是在经济发展面临重大挑战和危机时，必须发挥政府的宏观调控作用，弥补市场缺陷，保持经济的稳定增长和价格总水平的基本稳定。但要注意，克服市场失灵，不是由政府替代市场配置资源的基础作用。加快转变经济发展方式，政府的规划、引导、调控固然重要，但根本上还是要靠市场的作用，特别是要靠市场价格信号的变动调动市场主体节约资源、保护环境、节能减排的积极性。

最后，要认真总结政府调控监管的经验。近年来，我们在应对价格上涨、推进价格改革的过程中，进行了一系列探索，积累了新的经验。对于这些政策措施，要认真地总结：哪些是短期性、应急性、阶段性的措施；哪些是长期性的政策取向，需要逐步机制化、法制化的；短期的政策措施什么时候退出，如何退出。这些都要认真地进行研究。

在价格工作中，我们既要重视政府定价方面的工作，也要重视市场价格的监管工作。在市场价格调控监管方面，既要重视对价格水平的调控，也要重视对价格行为的监管，特别要加强对价格垄断案件的查处。具体来说，在生产领域，对于实行政府定价的商品，主要通过完善价格形成机制，发挥价格杠杆的调节作用，促进企业扩大生产，保障市场供应；对于实行最低保护价的商品，要根据市场供求变化及时调整，以保护农民的生产积极性；对于实行市场调节价的商品，要运用经济、法律、行政等手段规范市场价格秩序，克服市场的盲目性。这些年来，我们采取的约谈、价格监督检查、制定生猪调控预案等措施，都是十分必要的。例如，制定生猪调控预案的目的就在于防止生猪生产的周期性波动，防范生猪生产的大起大落导致的价格大涨大跌。在消费领域，对具有市场支配地位和自然垄断的行业，要进一步加大监管的力度，完善定价规则，通过征收特别收益金、成本监审、价格听证等手段，防范经营者牟取超额利润。对于实行市场调节价的商品，要加强价格监管，维护良好的价格秩序。在重要商品价格出现过快上涨时，要通过补贴、临时价格干预等多种形式缓解物价上涨对相关群体的影响。

2018年7月，在办公室接受《中国新闻周刊》记者采访

第三，生产者与消费者的关系。

在价格调控的过程中，生产者与消费者的利益始终是一对矛盾。在我国居民消费价格总水平构成中，食品类价格占

整个居民消费价格的30%左右，价格总水平更多地受食品类和居民生活必需品价格的影响。因此，食品价格，特别是粮食价格的调控是正确处理生产者与消费者关系的关键。

农业生产受自然条件、生长周期、劳动力生产率等多种因素的影响，完全靠市场机制会造成农产品价格大幅波动，不利于保障农产品供给。加之我国人口众多，食品需求量很大，无法依靠进口解决我国的农产品供应问题。同时，受经济发展、人口增长、消费结构升级等因素影响，农产品需求刚性增长，农产品价格将呈长期上涨的趋势。保证居民食品供应和价格基本稳定，始终是维护社会和谐稳定的头等大事。所以，与其他发达国家相比，我国政府要在农产品的生产、流通、消费领域发挥更大调节作用。

在这次价格调控中，我们坚持促生产、保供应、畅物流、安民生的原则，关键是要“保两头”。其一，是保护生产者的利益。发展农业生产保障供给是稳定价格的基础。而保证农副产品供求平衡的关键是提高种植养殖业的比较收益，调动农业生产积极性。稳定食品价格不能靠人为压低农副产品价格，而是应当遵循农业生产基本规律，逐步提高农产品价格，并通过价格、财政、税收、进出口、储备等多种手段扶持农业生产，鼓励增加农产品供给，这是稳定农产品价格的长远之策。2004年以来，由于国家实行了主动提高粮食最低收购价等一系列扶持粮食和农业生产的政策，从2007年以来，稻谷、小麦最低收购价分别提高了55%和34%，2012年稻谷、小麦最低收购价将再次分别提高14.2%和8.5%，这些政策为实现粮食产量连年增产、保障市场供应、稳定价格总水平发挥了重要的作用。其二，是重点保护低收入群体和困难群体的利益。2011年以来，在国家发展改革委等五部委的指导下，全国31个省区市和新疆生产建设兵团都已经建立了社会救助和保障标准与物价上涨挂钩的联动机制，根据市场价格变动情况，发放价格临时补贴，或者相应地调整社会救助和保障标准。这一机制覆盖了全国大约9000万低收入群体，为保障低收入群众生活不因价格上涨受到大的影响发挥了非常重要的作用。今后，要不断总结经验，逐步完善联动机制，科学设定机制启动条件，合理地发放价格补贴或调整社会救助和保障标准。

第四，推进价格改革与稳定价格水平的关系。

"十二五"规划纲要指出，要以科学发展为主题，以加快转变经济发展方式为主线，促进经济长期平稳较快发展和社会和谐稳定，这就要求我们切实改变过度依赖能源资源消耗的经济增长方式。合理的价格水平不仅有利于资源的优化配置，而且有利于抑制不合理需求。"十二五"期间，推进资源环境价格改革是我们面临的一项重要任务。当前，我国煤炭、石油、天然气、水等重要的资源性产品价格还存在许多矛盾，环境损害的成本还没有完全计入相关商品价格，需要理顺煤、电、油、气、水、矿产等资源类产品的价格关系，完善要素、环境价格形成机制。短期内，推进资源和环境价格改革会一定程度推升价格总水平，对生产生活造成一定影响。但从长期看，理顺资源和环境价格有利于促进资源节约和环境保护；有利于增加供应，抑制不合理需求，促进经济发展方式转变；有利于经济的平稳健康发展和价格总水平的长期稳定。

在推进价格改革的过程中，要重点把握好以下两个方面：一是要把握好改革的时机、节奏和力度，既要考虑到经济发展的需求，也要考虑到社会承受能力。既不能因价格总水平上涨就停止改革，也不能因为价格总水平比较平稳就集中推出改革措施。实践证明：在物价水平较低时，社会对物价波动缺少预期，能源和公共服务价格的调整对物价总水平的影响往往较大；在紧缩时期，企业信心不足、投资意愿不强，这个时候理顺价格会增加生产成本，往往更难出台政策。因此，一定要按照有利于保障市场供应，促进经济发展的原则，选择好出台价格改革措施的时机；也要按照先易后难、先急后缓的次序，安排好出台改革措施的节奏；还要按照兼顾社会承受能力和市场需求的要求，把握好价格改革的力度。二是价格改革要与财税、收入分配、社会保障等其他方面的改革协调推进，完善改革的配套措施，将改革的负面影响降到最低限度。要完善资源税费、特别收益金、价格调节基金、转移支付、价格补贴、社会救助和保障等利益调节机制，防止价格调整造成新的利益分配格局不平衡，防止过多地增加公益行业和困难群体的负担，防止诱发社会不稳定因素。

（五）党的十八大以来关于完善市场决定价格机制问题的研究

2013年3月以后，我在担任第十二届全国人大常委会委员、全国人大财经委副主任委员期间，根据党的十八届三中全会精神，牵头组织了全国人大“十三五”规划纲要编制工作若干重大问题的专题调研工作，重点对“十三五”时期完善市场决定价格机制问题展开了专题调研。调研中，我们对30多年的价格改革进行了全面评估和总结。同志们一致认为，价格机制是市场机制的核心之一，市场决定价格是市场对资源配置起决定性作用的关键。在社会主义市场经济体制的建立和完善过程中，价格改革总体进展较快，在一般商品和生产资料价格的形成机制方面已取得决定性的胜利。但是，部分重点领域价格改革还不到位，在一些垄断行业和重要要素领域中的改革尚未取得突破性进展。价格改革与垄断行业改革不衔接，在电力、成品油、天然气价格和医疗服务价格方面，价格改革受到相关行业体制改革滞后的制约。同时，农产品价格调控面临新挑战，价格管理部门定位不清晰，亟待转型，价格监督检查和反垄断执法任务艰巨，《中华人民共和国价格法》已不适应新形势需要。

价格改革是中国经济体制改革成败的关键。课题组分析认为，价格领域存在的主要问题，有着深刻的理论、政策、体制和法律环境的原因。一是长期以来受传统计划经济体制及传统计划思维的影响，人们对市场决定价格机制的认识还不到位，政府价格管理工作的职能定位不够明确，往往管得过多，管得过细，管得过死，制约了市场机制作用的充分发挥。二是部分行业体制改革相对滞后，存在各种形式的垄断和政企不分现象，没有形成充分竞争的市场环境，从而无法形成竞争性的市场价格。三是法律的相对稳定性使现行的

《中华人民共和国价格法》不能适应市场化改革和经济社会发展的实际需要，与党的十八届三中全会、四中全会确定的全面深化改革和依法治国任务有差距，在一定程度上影响了改革进程。

经过认真调研和分析研究，课题组提出：

“十三五”期间，要继续贯彻落实党的十八大和十八届三中全会、四中全会精神，加快价格改革步伐，完善市场决定价格机制，规范政府定价行为，加强市场价格行为监管和反垄断执法，实现价格治理体系现代化。具体的建议有以下六个方面：

1. 积极推动政府价格工作定位转型

坚持价格市场化改革方向，正确处理政府和市场的关系，凡是能由市场形成的价格都交给市场，政府不进行不当干预。最大限度缩小政府定价范围，“十三五”前期，竞争性领域和环节价格基本放开，政府定价主要限定在重要公用事业、公益性服务、网络型自然垄断环节，充分发挥市场决定价格的作用。到2020年实现市场决定价格机制基本完善，科学、规范、透明的政府定价制度，调控监管制度和反垄断执法体系基本成熟定型。

要推动政府价格主管部门职能转变，把价格管理的重心从直接定价、价格调控转移到规范价格行为、价格监测预警、垄断环节价格成本监审和反垄断执法上来，全面推进依法治价，营造良好的价格环境。对于影响重大特别是与民生紧密相关的商品和服务，在价格放开的同时，要加强事中事后监管，制定价格行为规则和监管办法。规范政府定价行为，提高政府制定价格的科学性和透明度，接受社会监督。

2. 加快推进重点领域价格改革

价格改革与行业体制改革相辅相成，相关行业体制不改革，价格改革难以单兵突进，甚至可能事与愿违。就电力和油气行业而言，价格形成机制改革必须与行业组织体制、政府管理体制、财政体制和收入分配体制等改革相结合，统筹协同推进。要坚决打破各种形式的行政性垄断，把自然垄断业务和竞争性业务分开，对垄断业务实施有效监控，放开竞争性领域价格，实现充分竞争。按照“管住中间，放开两头”的总体思路，稳步推进能源价格市场化，妥善处理并逐步减少交叉补贴，还原能源商品属性，建立主要由市场决定能源价格的机制。电价改革要落实《中共中央国务院关于进一步深化电力体制改革的若干意见》，加快输配电价、上网电价和销售电价改革。结合公立医院改革进程，理顺医药价格关系。健全交通运输价格机制，创新公用事业和公益性服务价格管理。

3. 完善农产品价格调控机制

充分利用国内、国际两个市场，立足国情，按照突出重点、有保有放原则，对不同品种实施差别化政策。继续坚持稻谷、小麦最低收购价政策，完善临时收储政策，改变价格刚性上调的市场预期，统筹运用好最低收购价和补贴两个手段，保护种粮积极性，确保口粮安全。用足“黄箱”政策，扩大“绿箱”政策范围，推动“黄箱”政策向“绿箱”政策转型。调整完善棉花、大豆目标价格改革试点，总结试点经验，降低操作成本。改进农业补贴方式，整合各种农业补贴政策，集中力量，突出重点，提高补贴的精准性和指向性，更多向粮食等主要农产品、种粮大户和主产区倾斜，健全主产区利益补偿、耕地保护制度。东北玉米、大豆轮茬种植，应统筹考虑，由中央财政对玉米、大豆产区实行定额补贴，由地方自主选择补贴方式，引导农民合理调整种植结构，保基本收益，保耕地资源，保基础产能。

4. 增强国际市场大宗商品定价话语权

积极配合“一带一路”倡议部署和推进人民币国际化进程，推动构建能源、农产品、金融交易市场体系，发挥我国市场交易规模大、市场主体多元化等优势，加强现货、期货、期权等市场建设，完善交易规则，创新交易方式，积极支持上海石油天然气交易中心等国家级的现货、期货交易市场发展壮大，努力构建亚太地区定价中心，尽快形成大宗商品的“中国价格”指数体系，增强我国在国际大宗商品价格形成中的地位和话语权。

5. 加强价格监督检查和反垄断执法

一是健全反垄断执法体系。从国际来看，反垄断执法均作为中央事权，主要由中央有关部门负责。应进一步充实和增强我国中央反垄断执法力量，理顺不同执法部门间的关系，整合反垄断执法资源，提高执法效率。二是约束行政机关排除限制竞争的行为。进一步加大对行政机关的监管力度，及时纠正行政机关滥用行政权力排除、限制竞争的行为。三是建立对政策的公平竞争审查制度。借鉴欧盟等经济体的国际经验，在有关经济政策特别是产业政策出台前，对其进行公平竞争审查，防止对特定行业和企业在市场准入、财政补贴、税费减免等方面给予特殊待遇，破坏市场主体之间的公平竞争，促进统一开放、竞争有序的市场体系建设。

6. 加快修订《中华人民共和国价格法》

完善市场决定价格机制需要强有力的法治保障。国务院有关部门已经启动了立法修订工作，目前已形成修订稿正在征求意见。此次修订主要改进了政府定价的范围、方式和程序，细化了经营者市场价格行为负面清单，丰富了价格调控手段，完善了价格监督检查措施和相关法律责任。建议充分发挥人大在立法工作中的主导地位，与国务院有关部门统筹、协调、配合，加快《中华人民共和国价格法》修订工作进程。注意理顺《中华人民共和国价格法》与《中华人民共和国反垄断法》《中华人民共和国反不正当竞争法》等法律之间的关系。《中华人民共和国价格法》修订工作应在“十三五”前期完成，《中华人民共和国价格法》修正案应力争早日提请全国人大常委会审议，确保价格改革、调控和监管工作有法可依、依法推进。

这份报告由我主持撰写和最后审定，并在2015年6月在全国人大常委会委员长会议上作了汇报。专题调研报告收编入《全国人大常委会“十三五”规划纲要编制工作专题调研专报》第9期。

党的十八届三中全会以来，价格改革进一步取得重大进展。中央政府定价项目又缩减80%，药品价格、非常规天然气气源和直供用户用气价格、高铁票价、食盐出厂批发和零售价格等已经放开。目前政府管理价格的比重低于3%，重要垄断行业逐步建立起“准许成本+合理收益”的定价机制，营造公平竞争的市场环境。

四　关于改革与法治关系问题的研究

（一）关于改革与法治关系的一些重要论述及演进

市场经济是法治经济，即把各种经济活动纳入法治轨道的经济。社会主义市场经济体制的建立、完善过程，也就是社会主义市场经济法治体系的建立和完善过程。如今，改革与法治关系问题似乎已有明确的定论，但是这个结论也是经过长期探索和实践，才逐步从理论上达成了共识。

改革初期，当党和国家领导人动员全党、全社会解放思想、大胆变革时，实际上已提出了加强社会主义法制建设的思想。依法治国，也是邓小平建设有中国特色社会主义理论的重要组成部分。早在1978年12月，邓小平同志在著名的《解放思想，实事求是，团结一致向前看》一文中强调：“必须使民主制度化、法律化，使这种制度和法律不因领导人的改变而改变，不因领导人的看法和注意力的改变而改变。”[①]邓小平同志多次强调：搞四个现代化一定要有两手，只有一手是不行的。所谓两手，即一手抓建设，一手抓法制。但是认真总结回顾改革初期的情况，人们在冲破旧体制的时候，往往忽视了建立新的法律制度。改革就是要突破一些束缚生产力的生产关系和上层建筑，其中包括大量的法律法规。因此改革中往往是先“破”后“立”，甚至是只“破”不“立”。最简单的例子就是，20世纪80年代初期，农村普遍推行家庭联产承包责任制，但是这种大包干没有法律依据，甚至也没有一纸象征性的合同。直到90年代有外国记者在农村采访时想看看乡村集体与农民的合同，仍被告知没有。而农田大规模的确权、登记、颁证是从21世纪才开始实行的制度。

这种局面延续到20世纪80年代中期，1985年9月，赵紫阳同志在《关于制定“七五”计划建议的报告》中指出：“经济体制改革的深入进行和国民经济的进一步发展，越来越要求把更多的经济关系和经济活动的准则用法律形式固定下来，使法律成为调节经济关系和经济活动的重要手段。力争在‘七五’期间建立起比较完备的经济法律法规体系，逐步使各项经济活动都能有法可依。”这就向改革战线和法律界的同志们提出了一个任务，即在建立和完善社会主义市场经济体制过程中，必须结合改革和发展的实践，健全社会主义法制。

1993年11月，党的十四届三中全会在勾画了社会主义市场经济的基本框架时，也明确提出了“在本世纪末初步建立

① 邓小平：《邓小平文选》第二卷，人民出版社，1994，第146页。

适应社会主义市场经济的法律体系”的任务。1994年12月，江泽民同志在一次讲话中指出，我们正在建立社会主义市场经济体制，必须学会运用法律来规范和引导市场经济运行，充分发挥市场机制对经济发展的积极作用，把市场运行纳入规范和法制的轨道，保证社会主义经济制度健康发展。1995年9月，党的十四届五中全会通过的“九五”计划建议开启了我国法制建设的一个新时期。“九五”计划纲要明确提出了“依法治国，建设社会主义法制国家”的历史性任务，强调“坚持改革开放和法制建设的统一，做到改革决策、发展决策与立法决策紧密结合，并把经济立法放在重要位置，用法律引导、推进和保障社会主义市场经济的健康发展”。这些精神非常重要，极大地推动了我国社会主义法制工作特别是法律体系的发展进程。到21世纪初，我国在建立社会主义市场经济法律体系方面迈出了重要步伐，已初步构成社会主义市场经济法律体系框架。2007年10月，党的十七大报告提出“中国特色社会主义法律体系基本形成”。

经过多年的努力，目前我国以宪法为核心的中国特色社会主义法律体系已经初步形成。我国政治生活、经济生活和社会生活的主要方面，基本做到了有法可依，从根本上改变了过去那种无法可依的状况。初步形成的中国特色社会主义法律体系，反映了我国现代化建设的过程，总结了改革开放以来的实践成果，有力地保障和推动了改革开放的健康发展。需要指出的是，党的十四届三中全会以来，我国适应改革发展的需要，制定了一大批有关市场经济的法律法规，巩固改革成果，为社会主义市场经济体制的初步建立提供了有力的法律保障。但是立法工作总体上还是滞后的。除“外资三法”之外，多数法律都是被动地适应改革的需要。从一般理论意义上说，社会实践是立法的基础，法律是实践经验的总结，这无疑是正确的。但是过度强调这一点，立法实践就会大大落后于改革发展实践，法律就失去了引导、规范的作用。我们实行的是社会主义市场经济制度，其本质就是在社会主义条件下由市场在资源配置中发挥决定性作用的制度。社会主义有特殊性，市场经济有一般性。针对市场经济，一般的许多国际上成熟的法律制度和法律实践，包括世贸规则都可以为我们提供成熟的范例，避免走弯路、乱绕路，这方面的教训是很多的。

在正确处理法律的稳定性和改革过程中的变动性的关系方面，我国法律界在实践中逐步形成了一些共识。吴邦国同志于2004年2月在全国人大常委会上提出：法律的特点在于“定”，一旦作出规定，就要保持相对稳定，避免朝令夕改；而改革的特点是“变”，是要突破原有的一些体制和法规。所以，立法工作一方面要及时把改革中成功的经验以法律的形式固定下来，对现有法律中不适应改革发展需要的规定及时作出修改，为改革提供可靠的法律保障；另一方面要注意为深化改革留下空间，把法律的“定”和改革的“变”有机结合起来[①]。更进一步说，我们的法律甚至法律体系都不是静止的、封闭的、一成不变的，而是动态的、开放的、发展的。随着社会主义市场经济的不断发展、完善，有关法律也可以与时俱进，及时修订和解释。对确已不适应改革发

① 见2004年2月1日的《人民日报》第2版。

展形势的法律，也应适时做好清理、废止工作。特别是近年来这个问题更加突出，大量已不适应改革发展现实的法律未及时清理，已成为生产力发展的新的桎梏。我们必须处理好法律的稳定性和变动性，前瞻性与阶段性的关系，把修改法律与制定法律放在同等重要的位置，加快做好法律的立、改、废、释工作。

2014年10月召开的党的十八届四中全会，在作出全面推进依法治国重要决定时特别强调，“要把公正、公平、公开原则贯穿立法全过程，完善立法体制机制，坚持立改废释并举，增强法律法规的及时性、系统性、针对性、有效性”。要“以保护产权、维护契约、统一市场、平等交换、公平竞争、有效监督为基本导向，完善社会主义市场经济法律制度”。党的十八届四中全会通过的《中共中央关于全面推进依法治国若干重大问题的决定》，对全面依法治国、充分发挥法治在国家治理和社会管理中的重要作用进行了全面阐述，也为正确处理好改革与法律的关系指明了方向和途径。

（二）20世纪80年代关于经济立法在改革中的超前性问题研究

早在20世纪80年代中期，我刚刚到国家体改委理论局工作时，就注意到了改革中经济立法相对滞后，难以适应改革要求的问题。立法工作滞后的根源不在于立法人才短缺、力量薄弱，而在于人们思维中存在一些定式：改革就是要大破，在破的实践中有了经验时再经过总结，上升为法律法规，反过来保障改革的成果。因此，人们对立法工作滞后熟视无睹，不以为意，认为这是正常现象。这种现象实质上是十分有害的。针对这个问题，1985年8月11日我在《经济学周报》第3版上发表了一篇文章，题目是《经济立法应该走在改革的前面》，文中这样写道：

“以城市为中心的经济体制改革深入发展，不断给经济立法提出了新的课题。改革中各种经济关系纷纭多变，也要求对旧的法律进行调整或制定新的法律法规。改革—立法—再改革—再立法的现象使人们觉得，上层建筑在改革中似乎存在着滞后性。但是，在分析经济改革与经济立法的关系时，必须看到，经济立法工作不能仅满足于被动地反映改革的要求，经济立法不仅是改革的对象或内容，还应该是推动经济改革顺利进行的重要工具和手段。因此，应该正确认识和处理改革与立法的关系，肯定经济立法在改革中的超前性。要通过经济立法，为改革开辟道路，能动地促进改革。

强调经济立法的超前性，是法律的基本性质所决定的。法是国家意志的集中表现。随着社会经济条件的变化，经济立法也在不断地发生变化，调整着人们在经济生产中的经济关系，对人们在经济生活中的权利、义务进行规范。胡耀邦同志曾强调指出：在进行社会主义建设时，要先立后破。这一论断是完全正确的。改革是社会主义制度的自我完善和发展，是在党和国家的领导下，有计划、有步骤地进行的。通过立法，把党的方针政策具体化、规范化、定型化，指导和促进改革，这既是必要的，也是可能的。1979年以来，全国人大和国务院先后发布了219个法律法规，其中涉外经济法规60多个，极大地促进了对外开放，对外资的吸引力不断提升。

经济立法的超前性发展还是在旧模式向新模式转换过程中，加强国民经济宏观管理与控制的要求。法律是经民主的立法程序通过后实施的，具有稳定性。它有助于克服凭长官意志办事，一个时候一种精神的情况，可以保证改革的总体目标不受干扰。法律又是国家通过强制手段实施的，具有权威性和规定性。有了法，企业在经济生活中能否有作为就有了明确的质和量的界限，可以减少分权过程中的分散倾向，防止失控的危险。

当然，经济立法的超前性发展，并不是闭门造车，脱离中国国情和改革的要求去追求一个完整的、无所不包的法律体系，这无异于“官僚主义的空想”。一方面，法律是上层建筑的组成部分，它是受经济基础决定的，是生产力发展的客观要求推动着立法与改革进程，而不应该把改革作为立法的基本动因。另一方面，法律又是实践的总结。可以根据生产力的发展和改革的总体设想，先试行颁布一系列带有政策性质的法规、法令，通过改革中实践的检验和反馈，不断修订完善，确实成熟的再定型化，用法律形式固定下来，进一步指导改革实践。为了实现经济立法的超前发展，应注意从以下几个方面探索和实践：①制定总体规划。经济立法是一项十分复杂的系统工程，对整个工程要有总体规划。整个体系中大体有哪些母法，母法又派生出哪些子法，应当心中有数。比如说，不能放着公司法不搞，先去搞破产法。在总体规划中，还应该明确法规起草、协调、审改通过的程序，使立法规范化。②适当分权，积累经验。中华人民共和国第六届全国人民代表大会第三次会议通过决定，授权国务院在经济体制改革和对外开放方面可以制定暂行规定和条例。这是通过分权，促使经济管理工作转向法律化、制度化的重要步骤。我国幅员辽阔，各个地区的经济、政治、文化发展很不平衡，加上改革过程中的变化很快，因此，不能要求什么问题都搞集中决策，来一个一刀切。在基本原则上保证社会主义法制统一的同时，还应该允许各地区在一定范围内有一定的灵活性，针对本地具体情况制定地方性的法规。这样做既可以分散统一决策的风险，又可以加快立法的步伐，积累立法的经验。③把经济立法和经济调节手段结合起来。要同时重视经济杠杆与经济立法的运用，更要注意两者的有机结合，使经济调节手段制度化、法令化，超前实现对企业行为的影响和引导。”

这篇文章如今回过头来看，论点十分鲜明，但论据还不够严谨，文笔也显幼稚。但此文在当时的改革战线和法律界还是引起了很大的反响和重视。时任国务院副秘书长、国务院经济法规研究中心主任顾明同志认为文章写得很好，有针对性。1986年5月，在全国经济与法制协调发展理论研讨会上，顾明同志的秘书俞梅荪与吴承任同志作了题为《论经济立法超前性的现实意义》的联合发言。俞梅荪同志在发言中指出立法工作滞后的主要原因在于我们长期囿于立法部门的传统观念：立法是对现行行为规范的固定和经验的总结，法是跟在实践后面走的。经济立法的超前性没有被充分认识。针对法学界的同志在会上对此概念的关注和赞许，俞梅荪同志明确表示："经济立法的超前性是彭森同志在一年前提出来的，他才是这个观点的提出者。"

（三）20世纪90年代关于在制定市场化改革规划中加强立法问题的研究

1992年10月召开的党的十四大根据我国经济发展的实际情况，确立了社会主义市场经济为我国经济体制改革的目标，同时也提出了加快建立社会主义市场经济法律体系的历史性任务。相对于长期流行的"计划就是法律"的传统观念，市场经济条件下法律成为规范市场主体公平竞争的主要保障，也为建立统一开放、竞争有序的现代市场经济体系奠定了坚实的基础。因此，1992年6月我们在组织开展"建立社会主义市场经济体制的基本设想"重大课题研究时，重点研究了社会主义市场经济体制建设与法制建设专题。在20世纪80年代中期对改革中立法工作超前性研究的基础上，进一步分析和论述了法律的相对稳定性和改革不断深化之间的关系。我们在报告中提出：法律作为普遍遵守的行为规范，一经立法机构确立便具有相对稳定性，不能朝令夕改；而改革的探索和深化则在不断突破原有的法规和制度。因此，如何使两者有机结合起来，使改革能依法进行，让法律既可以为已经取得的改革成果提供保障，又能为今后的改革指明方向，使改革能有序进行，已成为今后改革和法制建设急需解决的问题。在以往十几年改革中，我们对于经过改革试验证明成功了的经验、办法，经过立法程序，及时以法律法规的形式确立，也取得了一些经验。但是，如何体现法律法规的政策导向性作用，实践经验还不够丰富，特别是新的经济关系或制度尚未定型时，如何通过制定法律法规，引领市场主体，规范市场运行秩序，更是立法中尚未解决的问题。诸如公司法、证券法、反垄断法等立法长期滞后，已难以适应改革以来加快发展的新的经济关系和经济形式。因此，必须加快建立适应社会主义市场经济要求的法律体系，加强经济立法，搞好改革措施的规范化、制度化和法制建设。“一些经过实践证明效果良好、比较成熟的改革措施，要尽可能及时以规范的制度或法律确定下来。要按照市场经济的要求和国际惯例，学习、引进并建立一套符合市场经济本质要求和经济运行客观规律的法律和法规体系。主要包括：规范各种基本经济关系的法律，如公司法、预算法、银行法、财产法、市场交易法；确立市场运行规则的立法，如反垄断法、反不正当竞争法、商标法、专利法、标准法、计量法等；以及一些解决特定方面经济行为的法律，如会计法、审计法、成本法等，以实现经济运行与管理的法制

2018年7月，在中国国际电视台接受美国著名电视评论人罗伯特·劳伦斯·库恩采访

化。”①

从20世纪90年代开始，每次制定改革中长期规划和年度改革工作要点，我们都注意将改革与法制结合起来，专章提出法制建设的工作任务，推动改革与法制工作的相互促进，用法律手段促进改革方案的实施，也确保改革在法治轨道上前进。40余年来，社会主义市场经济的法律体系已建立起来，为引领改革，巩固保障改革成果发挥了重要作用。

（四）党的十八大以来对依法治国问题的研究

党的十八大以来，特别是党的十八届四中全会通过《中共中央关于全面推进依法治国若干重大问题的决定》以后，我国进入了全面依法治国、依宪治国的新时代。中央强调指出，全面依法治国是中国特色社会主义的本质要求和重要保障，是国家治理的一场深刻革命，必须把党的领导贯彻落实到依法治国全过程和各方面，坚定不移走中国特色社会主义法治道路，完善以宪法为核心的中国特色社会主义法律体系，建设中国特色社会主义法治体系，建设社会主义法治国家，发展中国特色社会主义法治理论。这为新时代加强立法工作指明了方向，提出了要求。自2013年3月开始，我当选第十二届全国人大代表，担任第十二届全国人大常委会委员和全国人大财经委副主任委员，先后主持或参与了《中华人民共和国广告法》《中华人民共和国资产评估法》《中华人

① 彭森、郑定铨主编《中国改革20年规划总集》，改革出版社，1999，第169页。

民共和国反不正当竞争法》《中华人民共和国中小企业促进法》《中华人民共和国环境保护税法》《中华人民共和国电子商务法》等的制定和修改工作。结合5年中参与全国人大经济立法工作的经历，对做好新时代全国人大经济立法工作有了新的认识和体会。

是要坚持科学立法、民主立法、依法立法，就必须切实发挥全国人大在立法中的主导地位。立法权是宪法赋予全国人大及其常委会的重要职权。但是从我国立法实践来看，我国目前的民商法、行政法、经济法等多数都是由政府部门负责起草法律草案。我国目前实施的19个税种中通过全国人大批准的法律、法规只有6部，其中还包括第十二届全国人大后期讨论通过的3部，税收法定的任务还远未完成。党的十八届四中全会明确提出，要健全有立法权的人大主导立法工作的机制，发挥人大及其常委会在立法工作中的主导作用，建立由全国人大相关专门委员会、全国人大常委会法制工作委员会组织有关部门参与起草综合性、全局性、基础性等重要法律草案的制度。中央提出由全国人大主导立法工作，具有十分重大的现实意义。这意味着全国人大及其常委会作为国家最高立法机构，行使国家立法权，制定批准法律，在立法工作中担负着统领主导作用。这可以有效防止过去“部门利益权力化，部门权力法律化”的弊病，确保把科学立法、民主立法、依法立法的要求落到实处。

二是要适应新时代改革发展形势变化的需要，及时调整立法工作的重点，从立新法为主转向立、改、废、释并举，把修法的工作摆在更加突出的位置。改革开放40年来，中国特色社会主义法律体系已初步建立，全国现存有效法律已有250多部，其中经济法60多部，全部都是改革开放以后制定实施的。改革初期无法可依的局面已根本改观。但是随着改革的深入推进和经济关系的剧烈变动，许多20世纪80年代甚至90年代制定的法律又不能适应改革发展形势的要求了，修法工作已占据立法工作的大部分工作量。据统计，第十二届全国人大及其常委会5年中制定法律25部，这也是远远超过历届全国人大的成果了。但同期全国人大及其常委会修改法律127件次，通过有关法律问题的重大决定46件次。其中为支持相关改革试点工作，建立了授权决定和改革决定的工作机制，先后审议通过了21件统筹修改或暂停法律实施的授权决定，依法支持和推进相关领域的改革试点工作顺利进行。

在2015年我牵头组织“十三五”时期完善市场决定价格机制专题调研时，发现《中华人民共和国价格法》自1998年出台实施以来，已不能适应新形势发展的需要。随着市场经济不断发展，对政府与市场关系的实践不断深入，认识不断更新，《中华人民共和国价格法》中所确定的价格形成机制、价格调控手段、价格监管方式等一系列内容已不能很好地适应当前经济社会发展的需要，与党的十八届三中全会、四中全会提出的要求相比存在较大差距。一是现行《中华人民共和国价格法》滞后于改革需要，对继续深化改革形成了障碍，为政府过多干预、不当干预留下了法律空间。一些已经完全能够由市场形成的价格，仍处于政府制定价格的范围之内；一些应当由市场供求发挥一定调节作用的价格，仍由政府直接制定。二是现行《中华人民共和国价格法》与《中华人民共和国反垄断法》《中华人民共和国反不正当竞争法》等其他规范市场行为的法律之间还存在一定的交叉，相关法律之间的定位和关系有待厘清。三是现行《中华人民共和国价格法》所规定的政府定价形式过于简单，难以随市场供求变化进行适时调整，也难以对资源的有效开发利用和合理消费形成有效激励约束，在一定程度上保护了自然垄断，抑制了市场竞争。四是现行《中华人民共和国价格法》中政府定价的程序有待规范和完善，需要把党的十八届四中全会确立的行政机关及重大行政决策必须遵守公共参与、专家论证、风险评估、合法性审查、集体讨论决定等程序落实到价格制定过程中，明确政府制定价格的具体程序性规范，减少权力自由裁量的空间，规范权力运行。根据这一分析，我们在专题报告中提出加快修改《中华人民共和国价格法》的重大建议，对修法的范围、内容、程序和时间表都提出了明确意见。特别是建议充分发挥人大在立法工作中的主导作用，与国务院有关部门统筹、协调、配合，加快《中华人民共和国价格法》修订工作进程，注意理顺《中华人民共和国价格法》与《中华人民共和国反垄断法》《中华人民共和国反不正当竞争法》等法律间的关系①。

（五）新时代对改革与法治关系的思考性总结

在全面深化改革的浪潮中，通过认真学习党的十八届三

① 2015年6月26日刊登于《全国人大常委会“十三五”规划纲要编制工作专题调研专报》第9期。

中全会、四中全会精神，结合对30多年改革实践的总结，我于2014年10月在第十二届中国改革论坛上发表了题为《全面深化改革要处理好四个关系》的演讲。其中第四个问题结合刚刚闭幕的党的十八届四中全会所作的《中共中央关于全面推进依法治国若干重大问题的决定》，重点讲了改革与法治的关系。因篇幅不长，相关内容照录如下，作为我对此问题的思考性总结：

第四，改革与法治的关系。

今年2月，习总书记在主持召开中央全面深化改革领导小组第二次会议时强调，在整个改革过程中，都要高度重视运用法治思维和法治方式，发挥法治的引领和推动作用，要确保在法治轨道上推进改革。习总书记的要求也是对改革和法治关系的一个深刻总结。从表面上看，改革和法治是带有矛盾性的。法治的特征是稳定性，改革的特征是变动和突破。从实践情况来看，我们过去更多的是靠“试点、探索、总结、规范、立法再推广”这种改革方式，立法主要是起到巩固和保护改革成果的作用，属于立法跟进模式。十八届四中全会提出全面推进依法治国这一重大治国方略，表面看好像是对改革探索加强了制约，但实际上是开辟了改革的新形式、新天地。实际上，西方国家推进改革，主要方式是通过议会辩论，广泛反映民意，最后审议通过。法律法案一旦公布，改革就告以成功。按照十八届四中全会的精神，立法先行可能是今后改革深化的重要形式。所以，四中全会关于全面推进依法治国的决定，明确了法治是治国理政的基本方式，实际上也是改革深化的基本方式。处理好改革和法治的关系，重点要解决以下三个方面问题：

一是坚持改革决策和立法决策相统一。看准的改革，可以先立法再推进。加大立法力度，加快立法进程，充分发挥立法的引导、推动、规范、保护作用。从总体来看，我国现行有效的法律共242部，当前需要全国人大修改或需要进一步立法、列入计划的有80多部，比如《电子商务法》《社会信用法》《期货法》《房地产税法》等。我国一共有18个税种，但真正通过法律规定的只有3种，将来应加强依法治税、依法治财，通过法律进一步加以明确。过去，并非所有改革都采取立法跟进方式。1979年颁布的《中华人民共和国中外合资经营企业法》，采用的是立法先行的方式，先立法，然后再推开。将来更多改革应通过立法先行的方式推进。

二是根据社会主义市场经济的内在要求，对相关法律进行全面的立、改、废、释的审查。全面审查的首要对象是现行有效的法律、法规和各种政策规定。改革要冲击既得利益，冲击既成格局。过去讲既得利益，主要是行政部门或央企，实际上现行法律也是一种既得利益。比如我国土地法是维护城乡二元结构稳定的一部法律，推动农村土地管理体制改革和城镇化发展，《中华人民共和国土地管理法》《中华人民共和国农村土地承包法》等必须进行修改。还有《中华人民共和国证券法》《中华人民共和国电力法》《中华人民共

2018年5月，在中国经济形势与改革研讨会上发表演讲

和国价格法》《中华人民共和国反不正当竞争法》等，这些法律都已列入全国人大修法的日程。未来修订修改法律的任务非常繁重，我们必须树立一个观念，即需要修改的要抓紧修改，需要废止的要坚决废止。这是真正依法治国、处理好法治和改革关系的重要内容。

三是重大改革要于法有据，要通过立法解决。实践条件还不成熟、需要先行先试的，要按照法定程序，通过立法机关授权试点的方式，为改革提供法律依据。习总书记强调，改革必须在法治的轨道上运行。过去改革是“摸着石头过河”，普遍开展试点探索。今后的试点工作要通过不同层级审批，如果确定试点则试点的含金量很高。因为不同层级批准的改革试点，会授予不同的改革权力。例如：经国务院批准、授权的，就有可能允许对国务院制定的700多种有效法规中的相应条款进行探索突破；经地方批准的，在地方的权限下，可能允许对8000多种地方法规中的相应条款进行探索突破；依据法定程序，经全国人大立法机关授权的，可以对全国现行有关法律进行突破。所以，立法和改革工作表面看是矛盾的，实际上是一个统一的整体。在今后的改革发展过程中，应更多地通过法律程序，以立法先行的方式有效有力地推进改革[①]。

① 刘学军主编《未来十年的改革发展战略》，中国财政经济出版社，2017，第25—27页。

五 关于改革推进方式的研究

（一）渐进式改革是中国改革的基本经验

改革是社会主义制度的自我完善和发展，是中国共产党领导下的又一次深刻革命，或者说是第二次长征。我一直认为，把改革称为“新长征”是十分准确的。首先，改革如同长征一样，是一场波澜壮阔、影响深远的历史性事件。改革的进程曲折艰难，充满风险和挑战，不知需跨过多少“雪山”和“草地”。其次，改革如同长征一样，开始时面临着思想准备、组织准备的不足，是在生死存亡、“不改革死路一条”的环境中，被倒逼进行的一场体制变革。

关于改革的必要性。这是经历了真理标准的大讨论和第一次思想解放运动才逐步达成的共识。1978年12月党的十一届三中全会在决定把全党工作重点转到经济建设上来的同时就着重指出，为了实现社会主义现代化，必须对过分集中的经济管理体制进行改革。而真正把改革纳入党的工作方针，那还是到1979年4月中央工作会议提出“调整、改革、整顿、提高”的八字方针，才有了正式明确的表述。

关于改革的目标模式。在1984年10月召开的党的十二届三中全会通过的《中共中央关于经济体制改革的决定》阐明了加快以城市为重点的整个经济体制改革的必要性、紧迫性，规定了改革的方向、性质、任务和各项基本方针政策。但是改革目标模式的表述却是“有计划的商品经济”，而且明确规定"我国实行的是计划经济，即有计划的商品经济"。直到1992年10月党的十四大正式提出"社会主义市场经济"目标模式，那已是改革的第14个年头了。

关于改革的领导机构。改革初期，并没有设计组建专职的工作机构，直到1980年5月，国务院才设立了国务院体制改革办公室。这个临时机构的主任由国务院秘书长兼任。1982年3月，也就是改革的第4个年头，才经全国人大批准，正式组建了国家体改委，由总理兼任主任。这个机构的主要职责是规划、试点、协调、立法。1998年3月，国家体改委在改革进行了20年后被撤销，其后改革工作的职能先后转为国务院体改办和国家行使，但一个强有力的改革领导机构直到2013年11月党的十八届三中全会后，才又恢复组建起来。

关于改革所需的时间。改革初期，中央对改革所需的时间计划是8～10年。1982年3月，赵紫阳同志在接见国家体改委党组成员时曾经讲道："10年要完成改革这件大事。我总的看法，10年时间用不了，5年又不够，最好订个6年计划，争取到1988年能够把经济体制的路子理顺。"1984年党的十二届三中全会通过的《中共中央关于经济体制改革的决定》也明确提出："中央认为，这些改革（前文所说的国企改革和计划体制、价格体系、国家机构管理经济的职能和劳动工资制度等配套改革）应该根据国民经济各个环节的内在联系和主要客观条件的成熟程度，分别轻重缓急和难易，有先有后，逐步进行，争取用五年左右的时间基本实现。"1985年9月召开党的十二届四中全会，在讨论通过"七五"计划建议时提出："要在不太长的时期内，通过深化改革，建立起有计划商品经济的基本框架。”1987年4月，李铁映兼任国家体改委主任时，根据中央的要求，一到国家体改委，即组织开展“三、五、八规划”，也是希望再用5~10年完成改革任务。根据这一要求，一些部门和理论界的规划组制定了“第一年稳中起步，第二到四年基本转轨，第五到八年巩固完善”的规划方案。现在看来，在改革初期，我党对改革的长期性、复杂艰巨性的认识是远远不够的。改革就是要解放和发展生产力，发展无止境，改革亦无止境，改革永远在路上。这是21世纪初李铁映同志在总结改革经验教训时首先提出来的。这也是改革进行了20多年后我党才逐渐形成共识的。

正是由于理论认识的局限性，以及实践探索的渐进性，中国改革只能选择一条渐进式的发展道路。改革初期，邓小平同志提出“摸着石头过河”，重大改革必须先行试点，取得经验，逐步推开；改革中期则开始强调整体推进，正确处理好改革的总体规划、综合配套与试点先行的关系；21世纪的改革则在强调顶层设计的同时，注意正确处理改革与立法的关系，把各项改革试点纳入法治的轨道中运行。

即使在全面深化改革的今天，许多改革如自贸区、准入前国民待遇加负面清单、农村“三块地”改革等还是要先行试点，取得经验，才能全面推开。新时期的改革也要正确处理好改革的目标导向与问题导向的关系，努力加强改革的系统性、整体性和协同性，提高改革领导机构的权威性。与苏东国家在经济转轨过程中采取“休克疗法”“全盘私有化”，一步放开计划价格所导致的恶性通胀、经济崩溃不同，中国改革坚持从自己的国情出发，坚持解放思想、实事求是的思想路线，坚持生产力的标准和以经济建设为中心，坚持市场化改革方向，坚持社会主义制度和党的领导不动摇，这才走出了一条渐进式的改革之路。40年的实践充分证明，这种渐进式改革之路也是中国改革最具代表性、最为人称道的成功经验。这一基本经验充分体现了中国的哲学、中国的智慧，也证明了改革的原动力——人民群众才是创造历史的主人。

（二）关于20世纪90年代改革推进方式的研究

20世纪80年代前期、中期的改革，缺乏总体规划和相互配套协调。家庭联产承包责任制、各类国有企业大包干、价格改革、财政分灶吃饭等基本都采用了单兵突进、先破后立的推进方法，这是“摸着石头过河”的渐进式改革最初阶段的重要特征。在1984年10月党的十二届三中全会召开以后，改革者开始认识到整体推进、总体规划和协调配套的重要性、迫切性。1986年组建国务院体改方案办，集中力量研究制定“价、税、财联动改革方案”，1987年国家体改委组织8个课题组研究“三、五、八规划”，这都是很好的尝试。基于参加国务院体改方案办的工作经验和教训总结，1992年党的十四大提出建立社会主义市场经济的目标模式后，我即在组织编制社会主义市场经济总体规划的同时，于1992年11月发表了《九十年代改革的推进方式》一文[①]。文中的主要观点包括以下几个方面：

（1）全面分析了20世纪80年代改革推进方式的利弊得

① 曾国祥、彭森主编《市场经济总构想》，改革出版社，1992，第286—300页。

失，明确提出20世纪90年代改革的推进方式必须有一个根本性的调整和变化。

在拥有11亿人口的大国中进行一项前无古人的改革开放事业，我们曾面对过许多的挑战和考验。在改革初期，由于经验缺乏，改革的理论方面准备不足，人们认识的局限性较大，加上来自“左”的和“右”的方面的干扰，我国改革的基本推进方式不能不带有以下几个鲜明的特点：

一是采取“摸着石头过河”的办法，走一步，看一步，缺乏一个指导性的长期总体规划。

二是一切改革须先经过试验，以点带面，点面结合，逐步推广，走以农村带动城市，以沿海带动内地的路子。

三是坚持以破为主，先破后立的原则，在建立新的法律、法规体系方面相对滞后。

四是通过地区性政策倾斜和行政性分权（向地方和企业放权让利），逐步培育新的不同类型的利益主体并使之成为改革的基本力量。

毫无疑问，上述推进方式是从中国当时的政治、经济、社会实际出发的，步子比较稳妥，在基本保证经济持续、稳定增长的前提下，使中国经济体制格局发生了深刻的变化。因此，中国的经验受到世界广泛的重视，被称为“中国式的体制转换道路”。但是，这种推进方式推进的新旧体制转换过程比较慢，双轨制渗透到社会经济的各个领域使改革付出的成本较高，改革的进程在不同地区、不同部门严重不平衡，已难以适应20世纪90年代改革新时期的任务和要求。目前，我国经济体制格局已经发生了深刻变化，改革的起点不同了；加快改革就是要建立社会主义市场经济新体制，改革的目标更清晰了；从改革的对象看，我们面对的主要是一些深层次的重大改革课题。因此，在改革的推进方式方面也必须有一个根本性的调整和变化。

（2）明确提出20世纪90年代改革推进方式的原则和重点任务。

第一，在坚持全国改革政策规范化的前提下，加强对不同地区的分类指导，按照建立社会主义市场经济体制的内在要求，尽快统一对不同地区实行的改革开放政策，缩小地区性的政策倾斜度，逐步解决东西部地区、沿海与内地在改革发展方面的不平衡问题。在将对沿海地区实行的优惠政策推广到内地的同时，不再对个别地区或部门实行减税让利的特殊政策，以利于平等竞争、共同发展。除此之外，坚持分类指导，在缩小沿海地区与内陆地区政策差别的同时，要制定贯彻产业政策的具体措施。对某些重大的改革举措，如产权制度、计划投资、财税金融、外贸体制、中央与省级机构、社会保障制度改革等，坚持全国总体规划、统一推进。对另外一些改革，如农产品价格、市场体系的培育、对外开放、住房制度、劳动工资制度等改革，应在总体设计、统一原则的前提下，分区域推进。还有一些地区性较强的改革，如开发区建设，少数民族地区的改革，可采取地区设计、地区推进的办法，鼓励地方探索试验，改革的胆子可以更大一些，步子更快一些。

第二，要抓住改革中深层次的重大问题，着力突破，取得实质性进展。加速建立社会主义市场经济体制，必须集中精力，抓住以下几个重点和难点，勇于探索，明确思路，大胆突破。

一是以国有企业为重点的产权制度改革。这是实行政企分开，防止政府部门对企业进行不适当干预，实现企业自主经营、自负盈亏的前提，也是实现生产要素合理流动，实现资源优化配置的基本条件。只有按照社会主义市场经济的要求，在理顺和明确产权关系的基础上，对国有企业进行改组，才能形成提高资产经营效益和资产增值的激励机制，从根本上增强企业活力。

二是以资本市场为重点的要素市场的培育和发展。在进一步完善和发展商品经济的基础上，采取有力措施，推动资本、科技、劳动、产权等要素市场发展，尽快改变要素市场严重滞后的局面，特别是突破行政计划分配资金、金融市场条条分割问题。资本市场和劳动力市场不建立，既影响市场体系的建立，也会拖整个改革的后腿。

三是以简政还权、取消不必要的行政审批制度为重点的政府经济管理职能转换，为企业进入市场创造平等的竞争环境。政府职能转变和机构改革是建立新体制进程中难度最大的任务。这个问题不解决，转换企业经营机制、培育市场体系等改革都有落空的危险。

四是以明确事权、划分收支为重点，理顺中央与地方的利益关系，从体制上解决重复建设、地区封锁和财政相互挤占等问题。为了解决这个涉及国家政体稳定和长期经济发展的大问题，要在中央与地方政府之间划清事权的基础上，以法律形式明确各级财政的收支范围，将财政包干体制改为规范的分税制。

第三，在坚持综合配套改革的前提下，以法律为根据，规范化地推进改革。为了建立起社会主义市场经济的总体框架，打好一些重要的攻坚战役，要改变长期以来"一切经过试点"，或长期试验而不推广的改革方式。一切重大改革，必须经过专家充分论证、设计和周密规划，并相应制定有关法律法规，采取规范操作、全面推进的办法，以尽量避免在重大改革问题上久拖不决和单项突进带来的摩擦和漏洞，减少改革的风险和成本，保证改革顺利、有序进行。同时，继续鼓励多种形式的试点，对于一些比较成功的改革试点，要敢于总结，看准了就要大胆地推广和延伸。例如，对国有企业的股份制改造不同于股票交易市场的试点，已被实践证明是转换企业经营机制的有效形式，就应排除顾虑，在符合规范的前提下，尽可能地积极推进。

第四，在坚持重点改革领域取得实质性突破的同时，加强市场经济新体制的基本制度建设。一是要边改革，边规范，搞好改革措施规范化、制度化。及时把实践证明效果良好、比较成熟的改革措施用法律形式确定下来，形成新体制的基础。二是要按照市场经济的要求和国际惯例，学习、引进并建立一整套适应社会化大生产的经济管理制度和法律制度。三是要加强和完善政府机构的行政监督、执法管理部门，如工商、税务、统计、审计等部门。同时大力发展各类社会中介、市场中介组织，如行业协会、律师事务所、会计师事务所等。

（3）建议通过不同层次的综合配套改革，推动社会主义市场经济体制的建立。

20世纪90年代改革的配套关系可以分为三个层次：一是从总体上要处理好改革与开放、发展的关系，经济体制、科技体制与政治体制改革密切配合。二是企业制度改革、市场体系的培育与宏观间接调控体系的建立互相依存、互为条件。三是在改革的不同时期，要组织以不同改革任务为中心的配套改革，如以产权制度改革为中心的有关配套改革；以价格改革为中心的有关配套改革；以投资体制改革为中心的有关配套改革；等等。文中分别详述了三个配套改革的指导思想、基本思路和配套内容，因篇幅有限，仅以产权制度改革为中心的配套改革方案为例。

以国有资产产权股份化为纽带的企业经营机制、产权制度、社会保障制度和政府管理职能转换的配套改革。

一种可供选择的思路是，通过大范围实行国家间接持股、法人直接持股等产权明晰化方式，找到公有制占主导地位的产权独立形式，奠定社会主义市场经济的运行基础。国家一般采取全资、控股、参股的形式控制经营性国家控股公司的股权，这些公司再以法人资格控制全民所有制企业的股权，并要求控股公司之间、所控企业之间法人跨行业、跨地区交叉持股。这样，国有企业资产的最终所有者仍然是国家，但每个企业股权体现为由多个自负盈亏的独立法人持有。这为国有资产产权市场化提供了基本的前提条件，有助于国有企业之间全面竞争，包括法律上的所有权的转让竞争，也使国有企业同其他公有制、非公有制企业有可能平等竞争。通过竞争，实现公有法人的相互监督和制约。这样，国家从对国有企业无所不包的直接管理，转变为对国有资产的管理，企业真正实现自主经营。

其主要配套改革内容是：①建立国有资产经营体系。主要通过改造现有的各类投资公司进行，各工业部门的国有资产经营职能也应分离出来，建立起一批国有资产投资控股公司，对企业进行参股、控股。为此，首先对原隶属于各部的企业进行清产核资，而产权界定可以从跨行业行政划拨兼有一部分拍卖为起始，构筑竞争性的大公司结构。对大型企业集团也可实行资产授权经营，委托授权核心企业经营国有资产，负责国有资产的保值增值。②建立法人产权流通转让的机制和机构，在全国范围内开展法人股权的交易。除了在上海和深圳的证券交易所进行法人股权的交易外，还要建立全国联网的法人股交易报价系统。③政府机构和职能相应改革和转换。撤销大部分工业主管部门，其经简化的原行业管理职能划入新成立的经贸委。财政部相应撤销主管企业财务的司局，而建立起能够运用财政手段进行需求管理和结构调整的财政管理体制。国有资产管理局的职能是管理而不是所有权代表者。国务院作为国有资产的代表，只行使所有者权益。④变革国有企业经营机制。理顺了国有企业产权关系，斩断了联结国有企业与政府的脐带后，则需要把国有企业划分为竞争性国有企业和非竞争性国有企业，使竞争性国有企业进入市场，以营利为单一目标，接受市场优胜劣汰的竞争选择。⑤推进社会保障制度改革。国有企业行为目标的单一化，导致其原来承担的社会公益和福利保障等目标要另找出路。由社会或政府承担就业目标，实施失业保险制度。重塑社会就业机制，需要由政府、企业和个人共同承担医疗保险和社会保障的目标。社会保障体系资金来源的一部分，可以从国有企业产权制度改革时的拍卖收入中筹集，或直接将一部分股票转给职工养老保险基金，以解决老职工保费过去无积累的问题。同时，社会保障基金运转中的余额资金又可以作为政府政策性金融的一个资金来源，使国家和社会都因之受益，把国有企业机制转换与资本市场形成和劳动力市场形成内在结合起来。

（4）全面谋划了20世纪90年代改革的阶段性目标和基本步骤。

建立一个完善的、成熟的社会主义市场经济体制，是一个长期的发展过程。但我们要发挥只争朝夕的精神，充分利用当前的有利时机，加快经济体制改革的步伐，争取到20世纪末初步建立社会主义市场经济体制的总体框架。考虑到不同时期经济发展的特点以及企业承包经营责任和财政包干的期限等因素，20世纪90年代的改革分为“八五”后3年和“九五”两个阶段。“八五”后3年是重点突破、扩大试点、奠定基础以及在沿海一部分地区率先建立新体制框架的阶段；“九五”是配套改革、全面转轨以及在全国普遍建立新体制的阶段。改革的阶段性目标和主要任务要依据这两个阶段的不同特点制定。

近期改革（1993—1995年）的主要目标和任务是：从市场经济的内在要求出发，制定规划，明确路子；立足于解决现实经济生活中的深层次矛盾，在政府职能转换、企业改革、价格改革等方面取得突破性进展，积极推进和扩大各类重要改革试点，进一步培育市场体系，建立基本制度，在沿海地区率先建立新体制。

文中全面论述了这一阶段各项改革的基本任务。以价格改革为例，提出利用这一阶段经济环境较为宽松、市场相对稳定、有效供给增长较快的有利时机，价格改革要迈出较大步伐。择机放开粮食、棉花等农产品的购销价格，理顺国家与农民的关系，国家按照市场价优先订货，建立农产品风险基金和国家调控的储备制度；生产资料价格大部分要放开，少数价差悬殊、供求矛盾严重的产品价格要逐步放开，向市场价靠拢，垄断产业和资源约束性强的基础产业的产品价格，如电力、运输、煤炭、石油等要实行调放结合，接近国际价格水平，实行最高限价。在价格改革迈大步的同时，要大力发展各类批发市场，重点建立期货市场。

中期改革（1996—2000年）的主要目标和任务是：在保证经济持续快速增长的同时，通过规范化的综合配套改革，实行全面转轨，初步建立新经济体制的基本框架，并在“九五”后期加以巩固完善。

对于这个时期的改革，文中列举出了10个基本点：①基本完成产权制度改革，多数国有大中型企业不再实行承包，而改造成以国家控股或法人持股为主的有限责任公司或股份有限公司；②基本理顺价格体系，初步形成以市场供求为主导的价格形成机制；③进一步加速资本市场、劳动力市场和土地使用权市场的开放，基本建立各类生产要素市场齐全的统一开放的全国大市场；④基本取消生产、流通领域的指令性计划，完成以投资为中心的配套改革，推行中长期计划为主、间接调控为主的宏观经济管理体制；⑤全面推行分税制和新的税收体系；⑥确定中央银行相对独立调节货币政策的地位，实现金融机构企业化、资金运行市场化和宏观货币调控间接化；⑦全方位对外开放，建立符合国际惯例的外贸体制；⑧建立起独立的保险基金的筹集和运用组织，以及有法律规范的社会保障体系；⑨按照“小政府、大市场”的原则完成政府经济管理机构改革，全面推行公务员制度；⑩初步建立与社会主义市场经济相适应的法律体系。

从20世纪90年代改革的实际进展来看，上述任务目标除确立中央银行相对独立调节货币政策的地位，以及按照“小政府、大市场”的原则完成政府经济管理机构改革等两项过于理想化至今没有完成之外，多数都完成了设想的方案任务。其中，价格体系改革、计划体制改革和分税制改革的成果超过了预期；全方位对外开放以2001年加入世界贸易组织为标志迈出了重要步伐；初步建立与社会主义市场经济相适应的法律体系则在“十五”前期宣告完成。

（三）关于加强改革工作领导机构的建议

加强党对改革工作的领导，建立强有力的、超脱的高层次改革工作领导机构是中国改革的基本经验，也是改革稳步推进的组织保证。在这方面，20世纪80年代初期建立的国家体改委在中国改革理论和实践探索过程中高举旗帜，砥砺前行，有所作为，是党中央和国务院在改革方面不可或缺的参谋助手，发挥了历史性的重要作用。1997年，我在担任国家体改委副秘书长、秘书长期间，正值中央统筹考虑党的十五大以后机构改革的方案，有的领导提出撤销国家体改委的建议。针对这种情况，我按照国家体改委党组的决定，先后多次参与撰写和修订关于保留国家体改委机构设置的报告，以国家体改委主要负责同志和党组的名义上报中央。报告强调了设立和加强体改领导机构的重要性和必要性；回顾了国家体改委成立以后所进行的开拓性工作，特别是在规划、试点、协调、立法方面履职尽责的情况；分析了改革仍处在攻坚期，一些重大改革正在按计划有序展开，此时保留国家体改委在政治上有利，也可以在国内增强人民对改革的信心，在国际上树立中国改革的形象。报告特别强调，国家体改委只有180人的编制，但地位超脱，作用独特，可以分散中央的决策风险。在中央已明确要撤销国家体改委、成立国务院体改办以后，国家体改委主要领导同志再次上书中央，力陈改革是全局，改革的领导机构是关键。希望建立由总理任主任的高层次议事机构——大委员制的国家体改委，新成立的国务院体改办作为其办事机构，以利于总理通过抓改革统揽经济工作的全局。最终这个建议被中央采纳。九届全国人大一次会议决定，“国家经济体制改革委员会改为国务院高层次的议事机构，总理兼任主任，有关部门首长任委员，不再列入国务院组成部门序列”“成立国务院经济体制改革办公室，作为国家经济体制改革委员会的办事机构”。但是实际上，在这一届政府的5年工作中，作为高层次议事机构的国家体改委没有召开过会议。2003年3月，随着国务院体改办的编制和职能划入新成立的国家发改委，国家体改委从名义上也不复存在了。

进入21世纪以来，我还利用多种形式呼吁优化改革的决策协调机构。2008年，在党的十七大提出改革进入攻坚阶段后，我再一次提出，攻坚阶段的改革更需要一个权威的改革决策协调机构。我在《攻坚阶段改革的组织保证和推进方式》一文[①]中提出，所谓改革到了“攻坚阶段”，其实就是“改革改到了自己头上来了”，自己改自己，要取得进展，难上加难！首先，改革的政策设计上有可能受既得利益集团的影响，存在偏离社会公正的可能。比如，在推进垄断行业改革、放宽市场准入方面，由于垄断行业的改革方案和相关法律、法规主要是由该行业和主管部门自己制定，没有超脱部门利益、集团利益的狭隘眼界，部门自我改革流于形式，甚至被既得利益集团扭曲。其次，改革在实施中会受到这些利益集团的影响，造成实施中的梗阻和扭曲。最后，由于大的利益集团具有畅通的利益表达渠道，弱势群体的利益有可能受到忽视，从而影响改革深化，也影响社会稳定。

文章强调，作为国务院独立的职能机构，国家体改委和国务院体改办都扮演过改革的核心机构的角色，是推动各项经济改革发展的有力的组织保证。改革攻坚必然触及各种既得利益，必然面临各种争端和政策分歧。这时一个相对超脱独立的改革机构拥有无可比拟的优越性。只有在国务院设置独立机构，使之超越部门利益，才有可能高瞻远瞩地推进改革。文章特别分析了国家发改委内部的职能和机构设置，提出国家发改委名义是改革工作的主管部门，但26个内设司局

① 彭森、张小冲、金春田等：《中国经济体制改革的国际比较与借鉴》，中国人民大学出版社，2008，第415—417页。

中，只有一个司负责经济体制综合改革事项，其权威性和协调能力是不足以承担起改革攻坚使命的。因此，在改革形势越来越复杂的背景下，需要在更高层次上建立一个权威的改革决策协调机构，以加强对改革攻坚阶段的领导和谋划。具体可以考虑的方案：一是恢复国家体改委；二是建立国务院体制改革协调小组，由总理兼任组长，国家发改委、财政部、人民银行、国务院国资委等有关部门一把手作为小组成员；三是在现在国家发改委的基础上，扩大改革的协调职能。

2012年4月，我在根据中央指示，主持“深化经济体制改革问题研究”重点课题，为起草党的十八大报告作准备的过程中，利用向胡锦涛、习近平等中央政治局常委和十八大文件起草组汇报未来5年深化经济体制改革的总体目标和重点任务的机会，再一次当面向中央领导提出优化改革领导机构的建议：为更加有效地推进改革，要进一步完善改革工作机制和推进方式，建立高层次的统筹协调经济体制、政治体制、文化体制、社会体制改革的决策机制，提高改革决策的科学性和执行力，增强改革措施的有效性和协调性。进一步处理好改革创新与依法治国的关系，按照科学发展观要求和社会主义市场经济规律大胆探索、破旧立新，通过法制手段规范改革程序，巩固改革成果。

（四）党的十八大以来关于注重改革的系统性、整体性和协同性问题研究

党的十八大提出“两个全面”“两个加快”的战略目标和重点任务，是全面深化改革的宣言书和动员令。按照习近平同志以更大的政治勇气和政治智慧推进改革，加强顶层设计的要求，我撰写了《全面深化改革必须加强改革的系统性、整体性和协同性》一文[①]。文章的主要观点如下：

（1）完善社会主义市场经济体制是一个重大的系统工程。中国改革从1978年启动，至2012年底已走过34个年头。34年改革的巨大成绩，是提出并初步确立了社会主义市场经济体制改革的目标模式。这是中国改革最重要的创造，也是中国改革最重要的标志。引入市场经济，强调社会主义与市场结合，充分发挥市场配置资源的作用，这是邓小平同志对中国改革的贡献，不仅在实践中为中国发展提供了最大的红利，也在理论上开创了符合中国实际的政治经济学新理论体系。实事求是地说，过去的改革取得很大成绩。一座新的社会主义市场经济体制的宏伟大厦已初步建立起来，这是前无古人的功绩。但为什么人们还难以满意呢？这是因为从系统论的角度看，行百里者半九十。社会主义市场经济体制的宏伟大厦乍一看是建立起来了，但功能还不齐全，基础尚不稳固，动力机制缺乏，运转不够灵活，甚至“缺门少窗”（缺少透明度），可远观而不能近看。2012年，我在京会见以诺贝尔经济

① 彭森：《全面深化改革必须加强改革的系统性、整体性和协同性》，载高尚全主编《改革是中国最大的红利》，人民出版社，2013，第320—325页。

学奖得主迈克尔·斯宾塞为首的一批外国经济学家。他们也提出，中国社会主义市场经济是很好，但实际运行中一些社会主义的原则没有体现好，一些市场经济的基本机制也没有落实好、运转好。这个意见应引起我们重视。资源性产品价格改革相对滞后，市场竞争不足，经济就缺乏内在活力；收入分配改革一直没有取得实质性突破，公平正义的原则难以实现，新大厦就没有稳固基础；而能否坚持依法行政、发挥法治在国家治理和社会管理中的作用，更是新的市场经济正常运转与否的制度保障。这些问题不解决，中国的社会主义市场经济体制就很难说真正建立起来了，也很难在国际竞争中取得体制优势，坚定道路自信、理论自信和制度自信。

（2）全面深化改革必须整体推进。改革开放是前无古人的崭新事业，必须坚持正确的方法。一方面要尊重群众的首创精神，鼓励基层和群众大胆尝试、大胆闯，坚持“摸着石头过河”，通过试点摸清规律，从实践中获得真知；另一方面，又要善于在深入调查研究的基础上提出全面深化改革的顶层设计和总体规划。在坚持正确方向、充分论证方案后，要敢于打攻坚战，整体推进，才能取得实质性进展。

改革的整体推进包括哪些内容呢？或者说完善社会主义市场经济体制要过哪几关呢？过去几年，改革主管部门在制定“十二五”改革规划过程中，经过深入调研、专家论证、向中央汇报等，已形成了正确处理好五大关系的共识。具体表述就是，为了实现2020年建成更成熟、更定型的社会主义市场经济体制，必须毫不动摇地坚持市场化改革方向，以理顺政府与市场、中央与地方、城市与农村、经济与社会、国内与国际等重大关系为重点，全面推进各领域的改革，在一些关系全局的重大改革方面取得新的突破。以上五大关系实际上是改革的五大重点领域，每个领域又包含几项关键环节的改革。例如，政府与市场的关系是经济改革的核心问题，这个问题党的十四届三中全会已经说得比较清楚了，但近年来“政府万能论”有所回潮。要解决好政府与市场的关系：必须推进行政体制改革，真正转变政府职能，尽量减少政府对微观经济活动的干预，着力加强政府公共服务和社会管理职能；必须推进垄断行业改革，坚决打破行政分割，强化对自然垄断的监管，形成有效竞争、公平竞争的市场环境；必须深化资源性产品价格改革，坚持按价值规律办事，最大限度地发挥市场在资源配置方面的基础性作用。

在中央与地方关系方面，重点是：完善分税制和财政转移支付制度，理顺政府间分配关系；改革和完善税制，包括全面推进营业税改增值税、建立房地产税、结构性减税等；进一步下放审批权，深化投融资制度改革。在城市与农村关系方面，核心问题是在推进新型城镇化过程中坚决打破二元结构，实现城乡资源要素流动市场化，即城乡各种要素平等交换。具体改革内容包括土地使用制度改革、户籍制度改革以及城乡基本公共服务均等化。在经济发展与社会发展关系方面，关键是坚持以人为本，通过医药卫生体制改革、社会保障改革、收入分配改革等，实现人们追求幸福生活的愿望。在对内改革与对外开放关系方面则要看到，加入WTO十几年来，我们在顺应国际贸易格局、适应国际贸易规则方面取得了长足进步，但在国际金融、国际直接投资、参与全球经济治理方面还有很长的路要走，必须深化这些领域的改革。

（3）增强改革的协同性是全面深化改革的保障条件。习近平同志指出："改革开放是一场深刻而全面的社会变革，每一项改革都会对其他改革产生重要影响，每一项改革又都需要其他改革协同配合。要更加注重各项改革的相互促进、良性互动、整体推进、重点突破，形成改革开放的强大合力。"①从中国改革的历史经验看，加强改革的统筹协调是全面深化改革成败的关键。原国家体改委的三大职能可用六个字概括，就是"规划、协调、试点"。"协调"与"协同"虽有一字之差，但说的都是加强统筹配合，正确处理各方面关系，调动上下积极因素，聚合各项相关改革协调推进的正能量。

加强改革的协同性，关键是要深入研究全面深化体制改革的顶层设计和总体规划，明确提出改革总体方案、路线图、时间表。顶层设计，强调的是顶层。一是各级党政主要领导必须亲自抓改革，要勇于承担历史责任，加强领导，攻坚克难。这是中央一直强调的政治勇气和政治智慧的集中体现。二是要建立一个统筹体制改革的高层次有权威的改革协调机制和工作机构。成立改革机构有助于集中决策、分散风险，其主要职责是加强改革的总体规划和总体指导，协调解决重大改革问题，督促推进各项改革。这是统筹协调、综合配套、推进整体改革的制度保证。三是要加强改革综合配套的设计决策工作机制，更加重视改革具体路径的选择，改革的任务纷繁复杂，要整体推进，而不能一哄而上，也不可能

① 见习近平在十八届中央政治局第二次集体学习时的讲话。

毕其功于一役。在设计改革总体方案、路线图和时间表时，必须突出重点，综合协调，积极寻找可以牵一发而动全身的改革突破口。将改革的任务按其性质、目标、优先顺序、难易程度以及环境条件等因素分类排队、联动设计，逐年分批推出一些有分量、有影响力的综合配套改革。

（五）近年来首先提出统筹问题导向与目标导向改革的概念

党的十八届三中全会以来，我在多年理论研究和实践探索的基础上，首次提出了要注意区分问题导向和目标导向两大类改革推进方式的概念，强调提出在全面深化改革过程中，要从过多地关注问题导向改革转向更加注重目标导向改革。问题导向改革的概念出现得比较早，改革战线的同志们的认识也比较一致。中国的改革没有固定模式，没有现成的经验。甚至在初期，改革的目标模式也没有确定。因此，绝大多数改革都是为了扫除束缚生产力发展的障碍，什么问题阻碍发展就对有关领域进行改革，让改革为发展开辟道路。改革开放初期，农村改革、国有企业改革、价格改革，包括对外开放，都是在倒逼的形势下，按照这个原则推进的。即使是1992年确立社会主

2018年9月，在国是论坛上发表演讲

义市场经济目标模式以后，很多重大改革，如20世纪90年代的分税制改革，近年推出的供给侧结构性改革，总体都属于问题导向改革。

目标导向改革的概念现在正得到越来越多同志的认可和接受。但是我在提出和使用这个概念的过程中，也经历了一段探索的过程。实事求是地说，从20世纪80年代中后期，改革战线的理论工作者和实践者已经开始重视改革的总体规划工作。如1986年制定“价、税、财联动改革方案”，1987年制定“三、五、八规划”。但严格意义上真正按照目标导向筹划改革，是在20世纪90年代上半期，按照社会主义市场经济目标规划改革任务，形成“四梁八柱”的改革任务框架。这也为以后每5年的改革中期规划和每年的“改革要点”提供了范式。但是长期以来，作为一个改革规划工作者，我的苦恼和困扰却是，实际上每年的改革重点任务多数是按照问题导向安排的，甚至是按照先易后难，回避重大矛盾的原则安排的。这就造成了改革几十年，最后步入“深水区”，剩下一些“硬骨头”的局面。特别是党的十六大在宣布“社会主义市场经济体制初步建立”的同时，又提出了“到2020年建立完善的社会主义市场经济体制”的目标，党的十八大提出“到2020年各方面制度更加成熟、更加定型”的目标。这就更加增添了我们心中的紧迫感和焦虑。我始终认为，目标导向的改革更为重要。不论改革形势多么严峻复杂，不论改革任务多么纷纭繁重，改革攻坚还要过哪几个关，一定要有明确的认知。按照“木桶理论”，一些关键环节的改革滞后，会形成体制短板。目标导向改革就是要解决这些短板问题。

2012年12月，我在撰文论述改革的协调性时，尚未使用目标导向的概念。我在文中写道，“目前的改革，大体上分为几类：一类是围绕完善社会主义市场经济体制必须推出的，一类是围绕加快转变经济发展方式必须推出的，还有一类是围绕社会公平正义、保障和改善民生必须推进的”“一些改革是单项的，可以相对独立地推出，还有一些改革却牵涉众多重大利益关系的调整，必须统筹规划。应该设计成中央直接领导、多部门共同负责、全社会积极参与的大配套方案”①。

2015年4月，我在出席中国经济体制改革研究会宏观经济形势与改革走势座谈会时，针对改革中大量存在的部门化、碎片化、行政化现象，呼吁必须通过顶层设计、统筹协调，在一些根本性重点改革领域取得突破。下一步改革应分为三个层次：第一个层次是问题导向性的重大改革，应突出重点，以尽快释放改革红利；第二个层次是市场导向性改革，要按照长期以来顶层设计的要求取得突破；第三个层次则是通过立法推进改革。

从2015年下半年开始，我多次在内部和公开场合提出目标导向改革的概念。如2015年12月，我在出席第十三届中国改革论坛时发表题为《以改革攻坚塑造发展新动力》的演讲。我在提出要牢牢坚持问题导向深化改革，牢牢坚持市场化导向深化改革的同时，强调“要牢牢坚持目标导向

① 彭森：《全面深化改革必须加强改革的系统性、整体性和协同性》，载高尚全主编《改革是中国最大的红利》，人民出版社，2013，第325页。

深化改革，为全面建成小康社会服务，为五中全会提出的'十三五'发展目标服务。改革必须从实现全面建成小康社会目标倒推，厘清到时间节点必须完成的任务。重点是为经济保持中高速增长提供动力，同时建立各方面更加成熟、定型的制度"。2016年4月，我在中国经济体制改革研究会召开的社会体制改革系列座谈会上，重点分析了供给侧结构性改革与全面深化改革的关系。我明确提出："在改革过程中也要处理好目标导向和问题导向的关系。过多考虑问题导向，总以为改革是灵丹妙药，可以药到病除，恐怕也不行。关键是补上制度上的短板，重视制度供给的作用。"在出席2016年12月召开的第十四届中国改革论坛时，我在演讲中提出："要坚持问题导向，围绕经济结构的制度性问题推进改革，用改革办法推进结构调整""现阶段推进改革短期调控手段，要注意与改革目标一致起来；问题导向的结构性改革要与目标导向的市场化改革一致起来。在落实'三去一降一补'五大任务的同时，要不忘初心，直面各种矛盾，增强改革定力，坚持目标导向，抓住改革时间窗口，抓紧推出国有企业、财政金融、价格体制、土地制度、社会保障、构建开放型经济体制等关键环节和重点领域的改革，积极推进关键性、基础性的市场化改革取得实质性突破"[①]。2017年12月，我在出席第十五届中国改革论坛时，重点强调了三个问题：一是关于改革的总目标与改革的价值取向；二是关于改革的目标导向与问题导向；三是关于全面深化改革和突出改革重点。我在演讲中指出：党的十八届三中全会要求，到

① 见《改革内参》2017年第1期。

2020年在重要领域和关键环节的改革上取得决定性成果，形成系统完备、科学规范、运行有效的制度体系，使各方面制度更加成熟、更加定型。党的十九大又提出了新的“两步走”战略目标。与此相衔接，从近期看，要统筹目标导向和问题导向改革所提出的任务，继续深化供给侧结构性改革，完成“三去一降一补”任务，用改革的办法推进和深化结构调整，及时清除不利于生产要素供给和合理配置的体制障碍，实现新旧动能转换，培育新的可持续的增长动能，为提高供给质量激发内生动力。从中期看，则要根本解决制约中国长期发展的深层次体制机制问题，特别是不平衡不充分发展的问题，着力推进带有“四梁八柱”性质的重大改革，在重大制度改革方面取得突破性进展，真正建立起市场机制有效、微观主体有活力、宏观调控有度的经济体制，为基本建成法治国家、基本实现国家治理体系和治理能力现代化作出贡献。从远期看，到2050年要把我国建成富强民主文明和谐美丽的社会主义现代化强国，成为综合国力和国际影响力领先的国家。与之相适应，中国的体制作为软实力的标志，应更加成熟和定型，有更多的中国标准、中国制度，更多的中国智慧和经验可以为人类作出贡献。

叁

主要学术成果

一 主要著述目录

[1] 曾国祥、彭森主编：《市场经济总构想》，改革出版社，1992年版。

[2] 国家经济体制改革委员会综合规划和试点司主编：《中国改革开放事典》，广东人民出版社，1993年版。

[3] 彭森、郑定铨主编：《中国改革20年规划总集：构建社会主义市场经济和蓝图》，改革出版社，1999年版。

[4] 彭森主编：《科学健全有效的投资监督体系探索》，中国计划出版社，2006年版。

[5] 彭森、陈立等：《中国经济体制改革重大事件》（上、下册），中国人民大学出版社，2008年版。

[6] 彭森、张小冲、金春田等：《中国经济体制改革的国际比较与借鉴》，中国人民大学出版社，2008年版。

[7] 彭森、杨雄、徐麟主编：《中国改革试验·上海浦东新区卷》，国家行政学院出版社，2012年版。

[8] 彭森、黄新初、葛红林主编：《中国改革试验：成都卷》，国家行政学院出版社，2013年版。

[9] 彭森主编：《中国改革年鉴》（1999—2019卷）。

[10] 彭森主编：《十八大以来经济体制改革进展报告》，国家行政学院出版社，2018年版。

[11] 彭森主编：《中国改革开放大事记》（上、中、下册），中国财经出版社，2018年版。

[12] 电子商务法起草组：《中华人民共和国电子商务法

条文研析与适用指引》，中国法制出版社，2018年版。

[13] 彭森：《守望改革 守望法治》，中国财政经济出版社，2019年版。

二 代表性文章、讲话目录

[1] 彭森：《试论中国农业社会主义思潮》，北京大学经济系学士学位论文，1982年8月。

[2] 彭森：《辽宁城市结构问题刍议》，《农村发展研究》，1984年第4期。

[3] 彭森：《关于在中国农村建立股份经济制度的思索》，《经济研究参考资料》，1985年第161期。

[4] 彭森：《经济立法应该走在改革的前面》，《经济学周报》，1985年8月11日第3版。

[5] 彭森：《实现新旧体制转换至关重要》，《经济日报》，1986年6月30日第2版。

[6] 彭森：《社会主义市场经济体系初探》，《经济研究参考资料》，1987年第55期。

[7] 彭森：《中国中央与地方政府间的财政关系》，牛津大学现代中国研究中心访问研究生论文，1990年。

[8] 彭森：《为实现九十年代中国经济体制改革的宏伟目标而奋斗》，《改革时报》，1991年7月30日第3版。

[9] 彭森：《九十年代经济体制改革的指导原则和基本目标》，《中国经济体制改革》，1991年第7期。

[10] 彭森：《当前改革与发展的形势分析》，《谋略对策》，1991年第9期。

[11] 彭森：《九十年代改革的推进方式》，载《市场经济总构想》，改革出版社，1992年版。

[12] 彭森：《关于建立社会主义市场经济的几点思考》，《北京统一战线》，1992年第15期。

[13] 彭森：《加快建立社会主义市场经济体制》，《中国机电工业》，1992年第12期。

[14] 彭森：《改革开放就是要建立社会主义市场经济体制》，《经济体制改革内部参考》，1992年第18期。

[15] 彭森：《社会主义市场经济的目标与经济体制改革》，载《市场经济与宏观政策》，山西经济出版社，1993年版。

[16] 彭森：《整体推进，重点突破，建立市场经济新体制》，《诤友》，1994年第1期。

[17] 彭森：《经济机制转换过程中应注意的问题》，《国际参考》，1992年8月9日（第63期）。

[18] 彭森：《韩国的宏观经济管理与政策》，载《市场经济与宏观政策》，山西经济出版社，1993年版。

[19] 高尚全、彭森：《日本经济发展的新动向及对我们的启迪》，《经济体制改革内部参考》，1988年第3期。

[20] 彭森、王海军：《匈牙利、波兰经济转轨的主要措施与基本格局》，《世界经济与政治》，1993年第5期。

[21] 彭森：《今日新西兰、澳大利亚的经济发展与体制改革》，《发现》，1994年第4期。

[22] 彭森：《拉美三国改革发展及经验教训》，《经济学动态》，1996年第5期。

[23] 彭森：《中国社会主义经济市场经济与跨世纪的挑战》,在新加坡东亚研究所的演讲，1998年8月。

[24] 彭森：《迈向新世纪的中国社会主义市场经济》，在摩纳哥第12届蒙塔纳论坛上的演讲，2001年12月。

[25] 彭森：《新四大国在全球化中的地位和未来》，在俄罗斯第十届圣彼得堡国际经济论坛上的演讲，2006年6月。

[26] 彭森：《中国经济体制改革的成就、经验和展望》，载《纪念党的十一届三中全会召开30周年理论研讨会文集（上）》，学习出版社，2009年版。

[27] 彭森：《应对国际金融危机：中国的经济形势和经济政策》，在日本冲绳举行的中日经济知识交流会第29届年会上的演讲，2009年5月。

[28] 彭森：《把握形势 抓住机遇 继续坚定不移地深化改革开放》，《国际金融》，2009年第4期。

[29] 彭森：《鼓励自主改革，用好用足先行先试权》，《中国改革报》，2009年4月1日第1版。

[30] 彭森：《把应对危机作为深化改革的契机》，《经济日报》，2009年6月29日第7版。

[31] 彭森：《加强反垄断工作面临的挑战》,《行政管理改革》，2009年第4期。

[32] 彭森：《准确把握深化改革开放的时代特征——在中国改革论坛暨年会上的致辞》，《中国改革》，2009年第11期。

[33] 彭森：《特区仍然要做改革创新试验田》，《中国改革报》，2010年9月2日第1版。

[34] 彭森：《“十二五”深化改革要正确处理好的六大关系》，《中国改革报》，2010年11月10日第1版。

[35] 彭森：《围绕转变经济发展方式加快推进重点领域改革》，《中国经贸导刊》，2010年第9期。

[36] 彭森：《试论输入性通胀对我国经济的影响和对策》，《新远见》，2012年第3期。

[37] 彭森：《当前世界经济形势和中国宏观政策》，在日本静冈举行的中日经济知识交流会第31届年会上的演讲，2011 年11月。

[38] 彭森：《加大改革攻坚力度，推进经济方式转变》，在第九届中国改革论坛上的演讲，2011年10月。

[39] 彭森：《关于稳价安民几个重大关系的思考》，《求是》，2012年第8期。

[40] 彭森：《全面深化改革必须加强改革的系统性、整体性和协同性》，载《改革是中国最大的红利》，人民出版社，2013年版。

[41] 彭森：《转型与创新：新兴经济体面临的共同挑战》，在第78次中国改革国际论坛上的演讲，2013年11月。

[42] 彭森：《全面深化改革要处理好四个关系》，载《未来十年的改革发展战略》，中国财政经济出版社，2017年版。

[43] 彭森：《从当前宏观经济问题看改革走势及下一步推进方式》，《改革内参》，2015年第17期。

[44] 彭森：《以改革攻坚塑造发展新动力》，《改革内参》，2015年第48期。

[45] 彭森：《供给侧结构性改革要重视制度供给》，《中国改革报》，2016年6月27日第3版。

[46] 彭森：《供给侧结构性改革任重道远》，《内部参考》，2016年第49期。

[47] 彭森：《当前宏观经济形势与民营经济发展》《改革内参》，2016年第42期。

[48] 彭森：《关于当前宏观形势与改革任务》，《中国经贸导刊》，2016年第24期。

[49] 彭森：《对当前形势和改革任务的一些判断》，《改革内参》，2017年第37期。

[50] 彭森：《不忘初心，勇担使命，迈向全面深化改革新征程》，《改革内参》，2018年第1期。

[51] 彭森：《中国改革开放40年的回顾与总结》，2018年2月9日在中宣部理论局的报告，《改革内参》，2018年第4期摘发。

[52] 彭森：《总结四十年经验，开启全面深化改革新征程》，《行政改革内参》，2018年第3期。

[53] 彭森：《解放思想是改革的永恒命题》，在莫干山论坛上的演讲，2018年4月。

[54] 彭森：《改革要从问题导向转向目标导向》《中国新闻周刊》，2018年第27期。

肆

代表性论文

第一篇

九十年代改革的推进方式

中国的经济体制改革是一项庞大而复杂的系统工程。从经济体制与经济运行机制根本性转换的意义上说，又是中国的第二次革命。今年以来，以邓小平同志南方谈话为标志，我国的改革开放事业进入了一个新阶段。最近召开的党的第十四次全国代表大会明确提出，我国经济体制改革的目标是建立社会主义市场经济新体制，这使我们进一步明确了深化改革的方向与任务。应该看到，在我国建立起社会主义市场经济新体制，是一项长期而艰巨的任务，因此，必须在改革的推进方式、配套关系和阶段性目标等方面进行周密的筹划和安排。

一 九十年代经济体制改革的推进方式

几年前，一位欧洲政治家在访问中国以后曾经这样说，中国的改革是20世纪人类史上最伟大的社会实验。确实，在拥有11亿人口的大国中进行一项前无古人的改革开放事业，我们曾面对过许多的挑战和考验。在改革初期，由于经验缺乏，改革的理论方面准备不足，人们认识的局限性较大，加上来自“左”的和“右”的方面的干扰，我国改革的基本推进方式不能不带有以下几个鲜明的特点：

一是采取“摸着石头过河”的办法，走一步，看一步，缺乏一个指导性的长期总体规划。

二是一切改革须先经过试验，以点带面，点面结合，逐步推广，走以农村带动城市，以沿海带动内地的路子。

三是坚持以破为主，先破后立的原则，在建立新的法律、法规体系方面相对滞后。

四是通过地区性政策倾斜和行政性分权（向地方和企业放权让利），逐步培育新的不同类型的利益主体并使之成为改革的基本力量。

毫无疑问，上述推进方式是从中国当时的政治、经济、社会实际出发的，步子比较稳妥，在基本保证经济持续、稳定增长的前提下，使中国经济体制格局发生了深刻的变化。因此，中国的经验受到世界广泛的重视，被称为“中国式的体制转换道路”。但是，这种推进方式推进的新旧体制转换过程比较慢，双轨制渗透到社会经济的各个领域使改革付出的成本较高，改革的进程在不同地区、不同部门严重不平衡，已难以适应20世纪90年代改革新时期的任务和要求。目前，我国经济体制格局已经发生了深刻变化，改革的起点不同了；加快改革就是要建立社会主义市场经济新体制，改革的目标更清晰了；从改革的对象看，我们面对的主要是一些深层次的重大改革课题。因此，在改革的推进方式方面也必须有一个根本性的调整和变化。

第一，在坚持全国改革政策规范化的前提下，加强对不同地区的分类指导。按照建立社会主义市场经济体制的内在要求，尽快统一对不同地区实行的改革开放政策，缩小地区性的政策倾斜度，逐步解决东西部地区、沿海与内地在改革发展方面的不平衡问题。在将对沿海地区实行的优惠政策推广到内地的同时，不再对个别地区或部门实行减税让利的特殊政策，以利于平等竞争、共同发展。除此之外，坚持分类指导，在缩小沿海地区与内陆地区政策差别的同时，要制定贯彻产业政策的具体措施。对某些重大的改革举措，如产权制度、计划投资、财税金融、外贸体制、中央与省级机构、社会保障制度改革等，坚持全国总体规划、统一推进。对另外一些改革，如农产品价格、市场体系的培育、对外开放、住房制度、劳动工资制度等改革，应在总体设计、统一原则的前提下，分区域推进。还有一些地区性较强的改革，如开发区建设，少数民族地区的改革，可采取地区设计、地区推进的办法，鼓励地方探索试验，改革的胆子可以更大一些，步子更快一些。

第二，要抓住改革中深层次的重大问题，着力突破，取得实质性进展。加速建立社会主义市场经济体制，必须集中精力，抓住以下几个重点和难点，勇于探索，明确思路，大胆突破。

一是以国有企业为重点的产权制度改革。这是实行政企分开，防止政府部门对企业进行不适当干预，实现企业自主经营、自负盈亏的前提，也是实现生产要素合理流动，实现资源优化配置的基本条件。只有按照社会主义市场经济的要求，在理顺和明确产权关系的基础上，对国有企业进行改组，才能形成提高资产经营效益和资产增值的激励机制，从根本上增强企业活力。

二是以资本市场为重点的要素市场的培育和发展。在进一步完善和发展商品经济的基础上，采取有力措施，推动资本、科技、劳动、产权等要素市场发展，尽快改变要素市场严重滞后的局面，特别是突破行政计划分配资金、金融市场条条分割问题。资本市场和劳动力市场不建立，既影响市场体系的建立，也会拖整个改革的后腿。

三是以简政还权、取消不必要的行政审批制度为重点的政府经济管理职能转换，为企业进入市场创造平等的竞争环境。政府职能转变和机构改革是建立新体制进程中难度最大的任务。这个问题不解决，转换企业经营机制、培育市场体系等改革都有落空的危险。

四是以明确事权、划分收支为重点，理顺中央与地方的利益关系，从体制上解决重复建设、地区封锁和财政相互挤占等问题。为了解决这个涉及国家政体稳定和长期经济发展的大问题，要在中央与地方政府之间划清事权的基础上，以法律形式明确各级财政的收支范围，将财政包干体制改为规范的分税制。

第三，在坚持综合配套改革的前提下，以法律为根据，规范化地推进改革。为了建立起社会主义市场经济的总体框架，打好一些重要的攻坚战役，要改变长期以来“一切经过试点”，或长期试验而不推广的改革方式。一切重大改革，必须经过专家充分论证、设计和周密规划，并相应制定有关法律法规，采取规范操作、全面推进的办法，以尽量避免在重大改革问题上久拖不决和单项突进带来的摩擦和漏洞，减少改革的风险和成本，保证改革顺利、有序进行。同时，继续鼓励多种形式的试点，对于一些比较成功的改革试点，要敢于总结，看准了就要大胆地推广和延伸。例如，对国有企业的股份制改造不同于股票交易市场的试点，已被实践证明是转换企业经营机制的有效形式，就应排除顾虑，在符合规范的前提下，尽可能地积极推进。

第四，在坚持重点改革领域取得实质性突破的同时，加强市场经济新体制的基本制度建设。一是要边改革，边规范，搞好改革措施规范化、制度化。及时把实践证明效果良好、比较成熟的改革措施用法律形式确定下来，形成新体制的基础。二是要按照市场经济的要求和国际惯例，学习、引进并建立一整套适应社会化大生产的经济管理制度和法律制度。三是要加强和完善政府机构的行政监督、执法管理部门，如工商、税务、统计、审计等部门。同时大力发展各类社会中介、市场中介组织，如行业协会、律师事务所、会计师事务所等。

二　建立社会主义市场经济体制必须进行配套改革

20世纪90年代改革的配套关系可以分为三个层次：一是从总体上要处理好改革与开放、发展的关系，经济体制、科技体制与政治体制改革密切配合；二是企业制度改革、市场体系的培育与宏观间接调控体系的建立互相依存、互为条件；三是在改革的不同时期，要组织以不同改革任务为中心的配套改革，如以产权制度改革为中心的有关配套改革，以价格改革为中心的有关配套改革，以投资体制改革为中心的有关配套改革，等等。其中，以产权制度改革为中心的配套改革需要的时间长，配套关系也比较多。

为解决当前改革中面临的几个重大问题，目前有不同的思路，但一般说来需要着重处理好以下三个方面的配套关系。

第一，以国有资产产权股份化为纽带的企业经营机制、产权制度、社会保障制度和政府管理职能转换的配套改革。

一种可供选择的思路是，通过大范围实行国家间接持股、法人直接持股等产权明晰化方式，找到公有制占主导地位的产权独立形式，奠定社会主义市场经济的运行基础。国家一般采取全资、控股、参股的形式控制经营性国家控股公司的股权，这些公司再以法人资格控制全民所有制企业的股权，并要求控股公司之间、所控企业之间法人跨行业、跨地区交叉持股。这样，国有企业资产的最终所有者仍然是国家，但每个企业股权体现为由多个自负盈亏的独立法人持有。这为国有资产产权市场化提供了基本的前提条件，有助于国有企业之间全面竞争，包括法律上的所有权的转让竞争，也使国有企业同其他公有制、非公有制企业有可能平等竞争。通过竞争，实现公有法人的相互监督和制约。这样，国家从对国有企业无所不包的直接管理，转变为对国有资产的管理，企业真正实现自主经营。

其主要配套改革内容是：①建立国有资产经营体系。主要通过改造现有的各类投资公司进行，各工业部门的国有资产经营职能也应分离出来，建立起一批国有资产投资控股公司，对企业进行参股、控股。为此，首先对原隶属于各部的企业进行清产核资，而产权界定可以从跨行业行政划拨兼有一部分拍卖为起始，构筑竞争性的大公司结构。对大型企业集团也可实行资产授权经营，委托授权核心企业经营国有资产，负责国有资产的保值增值。②建立法人产权流通转让的机制和机构，在全国范围内开展法人股权的交易。除了在上海和深圳的证券交易所进行法人股权的交易外，还要建立全国联网的法人股交易报价系统。③政府机构和职能相应改革和转换。撤销大部分工业主管部门，其经简化的原行业管理职能划入新成立的经贸委。财政部相应撤销主管企业财务的司局，而建立起能够运用财政手段进行需求管理和结构调整的财政管理体制。国有资产管理局的职能是管理而不是所有权代表者。国务院作为国有资产的代表，只行使所有者权益。④变革国有企业经营机制。理顺了国有企业产权关系，斩断了联结国有企业与政府的脐带后，则需要把国有企业划分为竞争性国有企业和非竞争性国有企业，使竞争性国有企业进入市场，以营利为单一目标，接受市场优胜劣汰的竞争选择。⑤推进社会保障制度改革。国有企业行为目标的单一化，导致其原来承担的社会公益和福利保障等目标要另找出路。由社会或政府承担就业目标，实施失业保险制度。重塑社会就业机制，需要由政府、企业和个人共同承担医疗保险和社会保障的目标。社会保障体系资金来源的一部分，可以从国有企业产权制度改革时的拍卖收入中筹集，或直接将一部分股票转给职工养老保险基金，以解决老职工保费过去无积累的问题。同时，社会保障基金运转中的余额资金又可以作为政府政策性金融的一个资金来源，使国家和社会都因之受益，把国有企业机制转换与资本市场形成和劳动力市场形成内在结合起来。

第二，以投资体制改革为核心的计划体制、企业制度、税收和金融体制的配套改革。

企业自主经营的重点是自主投资决策，在国家与企业的关系明确界定之后，投资体制的改革突出为主要矛盾。总的改革思路可以这样设计，除政府投资外，企业的经营决策权应归属于企业，并强化企业投资的责任，使企业成为重要的投资主体。企业以其占有的全部财产对债务承担责任，自主经营，自负盈亏，因而有权在执行国家法律和政府有关规定的前提下自筹资金，投资工业产权和非专业技术、非专利技术等项，国内各地区各行业的企事业单位有权购买和持有其他企业的股份，有权自主决策，能自行解决生产建设条件项目的建设问题。经政府有关部门批准，企业也可以向境外投资，从总体上变固定资产投资的批准制为备案制，只在个别特殊领域保留批准制，这样能使固定资产投资活动中的权责利紧密结合，提高投资效益，充分发挥市场机制配置资源的功能。

要达到以上目标，必须有一系列配套环节。主要是：企业的产权必须明确界定，并且实现产权的市场竞争，优胜劣汰，使企业对自身的投资经营活动承担全部风险和责任。而政府的职能必须根本转变，除自身投资外，政府对一般投资活动只承担宏观间接调控的责任，主要是运用产业政策、税收政策、财政贴息和信贷政策，对投资活动进行引导，对投资规模进行控制，这只是在企业产权不明确时的过渡办法。将来应逐步取消国家财政的资本预算，只根据政府事权中的有关规定支出，不再普遍对国有企业进行财务支持。必须同步实行专业银行的企业化改革，以便政策性贷款和经营性贷款相分离，重新调整和理顺银行与企业的关系，以便银行与企业形成平等的相互制约、相互依存的关系，提高投资收益，中央银行对专业银行和非银行金融机构的管理转向间接管理，保证专业银行企业化改革的顺利进行。加快统一要素市场，特别是资本市场的形成，改革财政包干体制，在事权划分的基础上建立分税制，以打破地区封锁，加快建立合理的价格形成机制，以便各类投资活动形成合力，改善投资结构，促进资源优化配置。加快对外开放的步伐，进一步全方位、多渠道地扩大开放的范围。企业不仅可以通过出让部分产权的形式，引进先进技术和有效利用外资，而且有权对外投资，实行跨国经营，不断增强国际竞争力，全面提高企业素质。

第三，以价格改革为中心的计划、流通、财政、税收及某些工业行业的配套改革。

目前，日用品价格改革已基本过关，价格改革与工资制度改革的连带关系弱化。但是，双轨制价格与扭曲的价格体系仍严重影响着市场机制作用的发挥。深化价格改革的基本思路是，在今后几年里，尽可能放开仍由国家定价的日用工业品和农产品价格，同时，对生产资料价格坚持“调放结合，以放为主”的方针，进行配套改革。

其主要配套改革内容是：①将目前实行价格双轨制的原材料（钢材、有色金属、木材、化工产品等）和机电产品（汽车、集成电路等）尽快并轨后放开；在逐步放开统配煤价格的同时，大幅提高原油价格，一步或两步达到国际市场价格水平，随后实行国家统一限价。与此相配套，逐步以至最终基本取消指令性生产和调拨计划。在完善生产资料市场的同时，有些产品采取国家订货形式作为过渡的方式，有些产品则采取国家指导下的产需双方订货的方式。②对以粮油为龙头的农副产品价格，主要是逐步放开销价，最终取消定量和票证制度；对收购环节，要在建立主要农产品的国家保护价和必要储备制度的同时，发展期货市场，提供价格预测，逐步取消合同定购。③在进行价格改革的同时，配套改革税制。主要内容有：视理顺生产资料价格的进展情况，选择时期，统一不同所有制企业的所得税税率；通过开辟资源税、土地占用税等新税种的征收范围，扩大税源；相应理顺产品税和增值税的税率结构，更好地发挥税收的经济调节作用；最终摆脱过去那种建立在价格扭曲基础上的以产品税为主体的税收体系，建立起符合市场经济规范的，以增值税、所得税、资源税为主体的税收体系。与此同时，大量的财政补贴由暗补转为明补；内地资源省份财政收入有所增加，为促进规范化的分配制度建立创造条件；建立由提价收入转换的财政专项基金，以对重要农产品和原材料实行保护价制度和储备制度。④结合价格改革和税制改革，将那些长期以来因价格扭曲大量亏损的行业和依赖低价原材料从而取得超额利润的行业性垄断公司推上市场，实行放开经营，独立核算，自负盈亏。

三 建立社会主义市场经济的阶段目标和步骤

中国的经济体制改革是从1978年底开始的，在过去的14年中大体经历了三个阶段：

第一个阶段是改革的起步阶段（1978年12月至1984年10月），从中国共产党的十一届三中全会到十二届三中全会。这一阶段改革首先从农村突破并取得了巨大成功，在城市从扩大企业自主权入手，进行了综合和专项的改革试点。

第二个阶段是改革的全面展开阶段（1984年10月至1988年9月），从中国共产党的十二届三中全会通过《中共中央关于经济体制改革的决定》到十三届三中全会。在这一阶段，改革的重点从农村转到城市，整个城市改革以增强国有企业活力为中心环节，从微观经济到宏观经济各个领域全面展开并取得了实质性进展，而且逐步扩展到政治、科技、教育体系等方面。

第三个阶段是改革的调整深化阶段（1988年9月至1991年末），在中国共产党的十三届三中全会制定出“治理整顿”方针以后的3年中，伴随着国民经济的调整，经济体制改革的任务主要是巩固、完善已出台的改革措施，总结经验，制定20世纪90年代改革进一步深化的方针和规划。

从1992年初开始，以邓小平同志南方谈话为标志，我国的改革进入一个崭新的阶段。1992年10月召开的中国共产党第十四次全国代表大会正式决定，把建立社会主义市场经济体制作为中国改革的目标模式。这是马克思主义经济理论在我国的又一次重要突破和发展，是对我们正在建设的有中国特色社会主义道路的集中概括和总结，是我国经济体制改革进程中的一块新的里程碑。

建立一个完善的、成熟的社会主义市场经济体制，是一个长期的发展过程。但我们要发挥只争朝夕的精神，充分利用当前的有利时机，加快经济体制改革的步伐，争取到20世纪末初步建立社会主义市场经济体制的总体框架。

考虑到不同时期经济发展的特点以及企业承包经营责任和财政包干的期限等因素，20世纪90年代的改革分为“八五”后3年和“九五”两个阶段。“八五”后3年是重点突破、扩大试点、奠定基础以及在沿海一部分地区率先建立新体制框架的阶段；“九五”是配套改革、全面转轨以及在全国普遍建立新体制的阶段。改革的阶段性目标和主要任务要依据这两个阶段的不同特点制定。

近期改革（1993—1995年）的主要目标和任务是：从市场经济的内在要求出发，制定规划，明确路子；立足于解决现实经济生活中的深层次矛盾，在政府职能转换、企业改革、价格改革等方面取得突破性进展，积极推进和扩大各类重要改革试点，进一步培育市场体系，建立基本制度，在沿海地区率先建立新体制。

重点解决好国家与企业的关系，以产权制度改革为中心的配套改革全面启动，结合资产评估、利税分流等工作，积极进行公开发行股票的股份有限公司的试验，探索营利性的国有大企业改制成上市公司的路子；在国有中型企业中较大范围地推行法人持股、内部持股的有限责任公司；通过拍卖等手段改革国有中小企业，逐步将城镇集体企业、乡镇企业和部分国有小企业改造为以持股为基础的合伙企业；鼓励私营企业、三资企业的快速发展；按照新的企业组织结构设计政策，促进企业的公平竞争，取消过去按所有制性质设计政策、管理企业的办法。

利用这一阶段经济环境较为宽松、市场相对稳定、有效供给增长较快的有利时机，价格改革要迈出较大步伐。择机放开粮食、棉花等农产品的购销价格，理顺国家与农民的关系，国家按照市场价优先订货，建立农产品风险基金和国家调控的储备制度；生产资料价格大部分要放开，少数价差悬殊、供求矛盾严重的产品价格要逐步放开，向市场价靠拢，垄断产业和资源约束性强的基础产业的产品价格，如电力、运输、煤炭、石油等要实行调放结合，接近国际价格水平，实行最高限价。在价格改革迈大步的同时，要大力发展各类批发市场，重点建立期货市场。

资本市场的培育是整个要素市场发育的关键一环，步子应走得大些。债券市场风险较小，应当加大力度放开；股票市场的培育应当与企业股份制推进的速度相协调，不应单纯追求速度，要注重质量，重点是抓好深圳、上海两大交易所的试验，做好外地会员入市、外地公司上市、会计制度和公司章程规范化、交易工具现代化等基础工作，逐步把深圳、上海办成全国性的市场。建立健全全国证券统一管理和监督的机构，加强全国的统一协调管理。

政府机构改革要按照管理者、调节者、所有者三者职能分离原则，建立社会中介机构，完善国有资产管理体系；按照精简专业部门、强化综合部门的要求，结合公务员制度的推行，探索中央和省级政府人员分流的路子；县级机构改革要加大力度，从职能转变、人员分流等方面迈出新步伐。

实行全方位对外开放，按关贸总协定要求，彻底改造旧的外贸体制。大幅度减少许可证管理，主要采取关税、汇率等手段调节进出口，推行出口配额招标和拍卖分配制，改革外汇留成制。

这一阶段，还要继续改革投资体制，改革税制，建立统一协调的社会保障机构，理顺保险管理体制，抓紧制定与股份制改造、证券市场发展等相关的法律、法规。

中期改革（1996—2000年）的主要目标和任务是：在保证经济持续快速增长的同时，通过规范化的综合配套改革，实行全面转轨，初步建立新经济体制的基本框架，并在“九五”后期加以巩固完善。

对于这个时期的改革，文中列举出了10个基本点：①基本完成产权制度改革，多数国有大中型企业不再实行承包，而改造成以国家控股或法人持股为主的有限责任公司或股份有限公司；②基本理顺价格体系，初步形成市场供求为主导的价格形成机制；③进一步加速资本市场、劳动力市场和土地使用权市场的开放，基本建立各类生产要素市场齐全的统一开放的全国大市场；④基本取消生产、流通领域的指令性计划，完成以投资为中心的配套改革，推行中长期计划为主、间接调控为主的宏观经济管理体制；⑤全面推行分税制和新的税收体系；⑥确定中央银行相对独立调节货币政策的地位，实现金融机构企业化、资金运行市场化和宏观货币调控间接化；⑦全方位对外开放，建立符合国际惯例的外贸体制；⑧建立起独立的保险基金的筹集和运用组织，以及有法律规范的社会保障体系；⑨按照“小政府、大市场”的原则完成政府经济管理机构改革，全面推行公务员制度；⑩初步建立与社会主义市场经济相适应的法律体系。

四 全面推进改革必须具备的几个前提条件

一是要进一步解放思想，统一认识，坚定决心。体制要转变，首先要转变观念、“换脑筋”。要按照邓小平同志所提出的“三个有利于”的标准，在改革开放的重大问题上达成共识，真正把全党全民的意志统一到建立社会主义市场经济体制上来。

二是要有稳定的政治经济环境。在政治上要排除不稳定的因素和各种干扰，政策导向要符合实际和大多数人的意志。在经济上要保持总供给与总需求的大体平衡，稳住农业，加快结构调整，加大科技体制改革的力度，促进科技体制与经济体制改革的密切结合。

三是要统一规划，加强领导。要把建立社会主义市场经济新体制的设计和组织实施作为今后一个时期改革开放的中心工作。艰巨的改革任务要求中国的领导层有更准确的分析判断能力、更集中的决策程序以及更有效的实施手段。只有如此，我们才能顺利度过中国近代史上又一个重要的历史阶段，实现经济体制的根本转换，把中国引向繁荣、昌盛、幸福的明天。

第二篇

中国改革开放40年的回顾与总结

2018年是贯彻十九大精神的开局之年，也是改革开放40周年。习总书记在新年贺词中宣布，2018年将隆重举办改革开放40年的一系列纪念活动，将改革进行到底。中国改革是一场涉及13亿人前途命运的深刻革命和伟大实践。正是40年的改革开放，让中国实现了从站起来、富起来到强起来的伟大飞跃。40年来，改革者始终站在时代前线，栉风沐雨，砥砺前行。新时代继续进行这场伟大革命，开启全面深化改革新征程，推动改革领域更广、改革举措更多、改革力度更强，才能决胜全面建成小康社会，夺取新时代中国特色社会主义伟大胜利。为此，我们一定要总结好改革开放40年尤其是党的十八大以来形成的改革经验。

一 关于改革开放40年的阶段划分

改革开放阶段的划分采用不同的标准会产生不同的结论，但都需要遵循一个共同的原则，就是选择党的某一次全会所作的重要决定作为标志。总体来看，过去40年我国改革开放可以分为五个阶段。

一是中国改革起步、探索阶段（1978年12月至1984年10月）。1978年12月召开的党的十一届三中全会，开始全面拨乱反正，纠正“文革”错误，摒弃“以阶级斗争为纲”的错误路线，作出把党和国家工作重心转移到经济建设上来的历史性决策。特别是提出“解放思想，实事求是，团结一致向前看”的思想路线，吹响了改革开放的号角，所以以此作为改革的开始点。这个阶段改革的重点在农村，废除人民公社制度，推行联产承包责任制，极大地调动了农民的积极性。城市改革则主要是在一些国企进行承包制试点。对外开放从1979年批准设立4个经济特区，到1984年扩大至14个沿海城市。

二是改革开放的整体推进阶段（1984年10月至1992年10月）。1984年10月召开的党的十二届三中全会，通过了《中共中央关于经济体制改革的决定》，标志着改革开始由农村转向城市和整个经济领域，1985年中央还发布了教育、科技改革的有关决定。因此，习惯上以此作为第二阶段的开始，由起步、探索阶段转向整体推进阶段。十二届三中全会确立了改革的方向、性质、任务和各项基本方针政策，特别是第一次明确提出中国的社会主义经济不是计划经济，而是以公有制为基础的有计划的商品经济。这是一项重大的理论突破，是对马克思主义政治经济学的重大发展。

三是初步建立社会主义市场经济阶段（1992年10月至2002年11月）。标志性事件是1992年春天邓小平同志南方谈话，再一次掀起进一步解放思想、扩大改革开放的浪潮。1992年秋召开的党的十四大，明确提出建立社会主义市场经济的改革目标。1993年11月召开的党的十四届三中全会，通过了《中共中央关于建立社会主义市场经济体制若干问题的决定》，内容包括10个部分50条，全面确立了20世纪90年代改革的目标和各项任务，提出20世纪末初步建立社会主义市场经济体制的重大目标。这个时期的改革重视总体规划，提出“四梁八柱”的基本任务框架。在这一时期，以公有制为主体、多种所有制共同发展的所有制结构逐步建立；国企改革从放权让利承包向经营机制转换，探索建立现代企业制度；取消生产资料价格双轨制，推进生产要素市场体系建设；建立以分税制为重点的财税体制；推动金融外汇、涉外体制改革；成功加入WTO；等等。其间，1997年召开党的十五大，改革理论有了新突破，包括：社会主义初级阶段理论，基本经济制度理论（公有制的有效实现形式），政治体制改革，民主、自由、人权第一次被写入宪法，依法治国迈开新的步伐。

四是社会主义市场经济的完善、调整阶段（2002年11月至2012年11月）。改革的第三个阶段一般不以2000年为结束标志，而是以2002年11月党的十六大产生新一届国家领导集体为结束标志。2003年10月党的十六届三中全会通过了《中共中央关于完善社会主义市场经济体制若干问题的决定》，首次正式宣布社会主义市场经济体制初步建立，提出“五个统筹发展”，股份制是公有制的主要实现形式，提出建立现代产权制度，发展混合所有制经济，提出更大程度发挥市场在资源配置中的基础性作用，提出“以人为本，树立全面、协调、可持续的发展观，促进经济社会和人的全面发展”，等等，为党的十七大提出科学发展观、党的十八大强调改革的价值取向和发挥市场在资源配置中的决定性作用奠定了基础。其后召开的党的十七届三中全会，通过了《中共中央关于推进农村改革发展若干重大问题的决定》。2002—2012年这10年不是改革的停滞期，而是改革的完善调整期。这10年先后出台很多文件，涉及“两个毫不动摇”，非公经济依法平等使用生产要素、公平参与市场竞争、同等受法律保护；统一内外资企业税制；完成大型商业银行股份制改革；解决资本市场股权分置问题；取消农业税，全面放开粮食购销，实行最低收购价，推动农村土地确权登记颁证；推进城镇化进程取得重大进展。党的十七大报告指出：“坚持解放思想、实事求是、与时俱进，勇于变革、勇于创新，永不僵化、永不停滞，不为任何风险所惧，不被任何干扰所惑，使中国特色社会主义道路越走越宽广。”

五是统筹推进“五位一体”总体布局、全面深化改革阶段（2012年11月至2018年）。党的十八大以来，党中央高举改革开放旗帜，果断作出全面深化改革的重大战略决策，改革呈现全面发力、多点突破、纵向推进的崭新局面，改革的系统性、整体性、协同性前所未有，改革的广度、深度、力度前所未有。全面深化改革成为当代中国最鲜明的特征，成为当代中国共产党人最鲜明的品格。

五个阶段的划分是在改革实践中形成的。在改革开放40周年时回顾总结，也可以进一步从理论角度归纳划分为三个阶段。第一阶段即在改革发展实践中重新认识计划经济、商品经济和市场经济，探索中国改革开放的方向和目标的阶段。这一阶段重要的理论成果就是邓小平理论，包括社会主义的本质、“三个有利于”、计划与市场的关系等。时间是1978—1992年，共14年。第二个阶段即确立社会主义市场经济的目标模式，并以此全面推进，初步建立、完善调整社会主义市场经济的阶段。时间是1992—2012年，共20年时间。第三个阶段即新时期全面深化改革的阶段，从2012年开始，至2018年共6年时间。

中国改革是20世纪人类历史上最伟大的试验，是党领导下的第二次革命，也是党带领人民群众开启的新长征。中国改革以20世纪70年代为开端，开始的设想是进行8～10年，80年代后期搞“三、五、八规划”，也是希望再用5～8年时间完成改革任务。但是从1978年到1992年确立社会主义市场经济的目标模式就用了14年。改革发展历史和实践证明，发展无止境，改革亦无止境。改革与探索中国特色社会主义实践是相伴共生的，要一以贯之，坚持始终。

二 关于改革的主要领域和主体框架

对于改革的回顾和总结，还有一个维度，就是各个阶段改革的主要任务。这是一个横轴上表现的事件。按照这个思路回顾总结，首先要注意改革的推进方式是分为两类的：问题导向和目标导向。改革初期各项改革任务都是按问题导向提出的，“不改革死路一条”，什么问题阻碍了发展就对有关领域进行改革。所以第一、第二个阶段，农村改革、国企改革、价格改革都是按照这个原则提出来的。从20世纪80年代中后期起，改革开始重视总体规划，如1986年制定“价、税、财联动改革方案”，1987年制定“三、五、八规划”。但真正按照目标导向筹划改革是第三个阶段，按照社会主义市场经济目标规划确定改革的重点任务。到20世纪90年代上半期，已形成“四梁八柱”的改革任务框架。1993年党的十四届三中全会对此有全面具体的阐述。形象地说，“四梁”是指农村改革、所有制改革（包括国有企业和民营经济的改革发展）、市场体系建设（包括价格改革和要素市场建设）、政府职能转变和机构改革；“八柱”是指宏观调控体系改革（财税、金融）、社会保障体制改革（收入分配、社会保障、医改、房改）、科技教育体制改革以及对外开放。如把开放单列出来，具体改革正好是8项。建立一个全新的社会主义市场经济制度，以上的改革缺一不可。从20世纪90年代中期开始，每年的改革要点、改革中期规划基本是按这个框架来制定的。不同的时期改革重点任务不同，多是按问题导向提出的，如20世纪70年代末农村改革、80年代国企改革和价格改革、90年代分税制改革、2001年加入世贸组织，以及2013年以后提出的供给侧结构性改革。但是目标导向的改革可能更重要。按照“木桶理论”，一些关键环节的改革过于滞后，就会成为体制性短板。如果不能根据目标导向的原则积极推进一些重点领域和关键环节改革的攻坚突破，就难以完成建立成熟完善的市场经济制度的目标。

新时代改革任务纷纭复杂，包括方方面面。党的十八届三中全会决定，围绕“完善和发展中国特色社会主义制度，推进国家治理能力和治理体系现代化”这一全面深化改革总目标，统筹推进经济、政治、文化、社会、生态文明体制改革。这个顶层设计包括60个改革方案、336条改革举措，过去5年得到很好的落实。党的十九大提出，要处理好全面深化改革和突出改革重点的关系，必须以重点改革突破带动面上改革。中央经济工作会议提出，经济体制改革必须以完善产权制度和要素市场化配置为重点，推进国企国资、垄断行业、产权保护、财政金融、社会保障等基础性、关键性领域改革取得新突破，实现产权有效激励、要素自由流动、价格反应灵活、竞争公平有序、企业优胜劣汰。这抓住了当前改革的关键。产权制度是所有制的关键，要素配置方式是一个经济是否有效率、效益的核心。社会主义市场经济的本质就是先进的基本经济制度与最有效的资源配置方式的结合。

现代产权制度是市场经济体制的基石。归属清晰、权责明确、保护严格、流转顺畅是现代产权制度的基本特征。我们既要继续探索中国基本经济制度的实现形式，积极发展混合所有制经济，积极推动农村集体产权制度改革，真正落实支持非公经济的改革举措；又要努力完善产权的保护制度，加强对各类产权的司法保护，推动涉产权冤错案件甄别纠正工作尽快取得突破，以纠错的实际行动取信于民，在产权有效激励上实现突破。

要素市场化配置是改革成败的关键，也是真假改革的试金石和分水岭。要素市场化配置的核心是坚决打破行政垄断和市场壁垒，建立要素自由流动、平等交换的现代市场体系，提高资源配置效率和公平。优化要素配置的关键驱动力是制度创新。乔布斯曾指出，市场竞争是创新发展的第一动力。创新不仅是指技术创新，要更重视体制机制创新。要坚定不移地推动一些标志性的市场化改革步伐，如落实好公平竞争审查制度、市场准入负面清单制度，查处滥用行政权力排除限制竞争的行为，强化反垄断执法，建立统一规范、公平竞争的市场体系。通过制度创新将更多优质资源配置到有创新力和竞争力的产业和企业上，不断增强中国经济的创新力和竞争力。

三　关于40年改革开放的基本经验

关于中国改革开放的基本经验，在纪念改革开放30周年时，中央从理论方面总结过10条，近年来社会上也有很好的归纳总结。作为改革的亲历者、见证者，我认为以下几条尤为重要。

一是坚持解放思想、实事求是的思想路线。解放思想是改革开放的前提条件，思想不解放，教条主义、经验主义横行，哪来的创新？哪来的改革？40年来，每一次改革的深化、每一项重大改革方案的出台，都是以解放思想为先导、为条件的。改革时代之所以以1978年12月党的十一届三中全会召开为标志，不是因为这次会议正式确定改革方针，而是因为决定从思想上拨乱反正，纠正“文化大革命”的错误，批判“两个凡是”的错误方针，把党的中心工作转到现代化建设上来。1978年11月10日召开了中央工作会议，主题原本是农业问题和后2年计划，一连开了36天，主题转到真理标准的讨论和历史重大问题评价上，这才有了邓小平同志的总结讲话，就是著名的“解放思想，实事求是，团结一致向前看”。这是开辟新的改革时代的宣言书。在解放思想的基础上，到1979年4月的中央工作会议才提出“调整、改革、整顿、提高”的八字方针。又经过农村家庭联产承包责任制的改革探索，1984年党的十二届三中全会才通过了《中共中央关于经济体制改革的决定》，把改革的重心转到城市改革上。第二次思想解放，背景是1989—1990年有人提出“东欧剧变是和平演变的结果”，党报发表文章重提阶级斗争。高层也有人认为和平演变最严重、最危险的领域是经济，改革开放引入资本主义，农村家庭联产承包责任制瓦解公有制，股份制改革是私有化，引进外资是卖国。社会上也有人提出仅以经济建设为中心不行，要再加一个中心，即“以阶级斗争、反对和平演变为中心”；“两个基本点”不对，只能坚持“四项基本原则”这一个基本点。针对这种思潮，1991年春节邓小平同志去上海重申计划、市场都是手段，皇甫平在

《解放日报》发表4篇评论，表示要第二次解放思想。此事争论很大，还是邓小平同志南方谈话解决了问题。实事求是的思想路线说来容易，做起来难。只有解放思想才能实事求是，坚持实事求是才是真正的解放思想。

二是坚持发展是硬道理。改革的本质就是变革上层建筑和生产关系，解放和发展生产力。改革不是目的，改革只是工具，只是路径选择，改革是为发展服务的。改革初期，最大的阻力是“姓社”还是“姓资”的争论。邓小平同志提出“贫穷不是社会主义”“不争论”“发展是硬道理”“不改革死路一条”。正是坚持了以经济建设为中心，一切改革的评价关键是看是否有利于解放和发展生产力，40年改革开放才会克服和排除来自“左”的和“右”的各种干扰，取得举世瞩目的伟大成绩。农村改革是最突出的例子。新中国成立时有5.4亿人，粮产只有1亿多吨，人均208公斤；国民经济恢复后，到1958年人民公社化运动时，有6.6亿人，粮产2亿吨；后来搞学大寨，历经“文革”动乱，1978年有9.6亿人，粮产3亿吨，20年仅增长1亿吨；包产到户后，到1984年有10.4亿人，粮产4亿吨，人均385公斤；1996年粮产5亿吨；2013年粮产6亿吨，人均450公斤，远超全球平均水平（人均320公斤）。中国解决各种问题的关键在于依靠自己的发展，而改革是发展的第一推动力。发展无止境，改革就无止境。当前中国进入新时代，面临新矛盾，开启新阶段，但改革是发展的根本动力这一论断没有变，坚持以经济建设为中心没有变，只是我们说的发展是高质量的发展，是以人民为中心的发展，这是我们必须坚持的新的发展理念。

三是坚持走渐进式改革的发展道路。中国作为一个具有13亿人口的发展中大国，各项改革必须从自己的国情出发，而绝不可能照搬任何外来的模式。改革初期，邓小平同志提出“摸着石头过河”，重大改革要先行试点，总结经验，逐步推开，这种渐进式改革之路也成为中国改革最为人称道的基本经验。渐进式改革的关键在于重视调动地方、企业和群众的积极性，尊重和保护改革的首创精神，支持和保护广大干部群众满腔热情地投身到改革事业中，鼓励和保护理论工作者对改革理论和实践的总结，也支持和保护企业家等新的社会阶层发挥中国特色社会主义建设者的作用。这方面最典型的例子是价格改革。改革初期，100%的生产资料、90%的生活资料是由政府定价。那时上调肉禽蛋价格需要国务院常务会决定，职工工资调5元还是4.5元争论很久。1986年国家统一定价的商品由113种减到25种，农副产品的65%、工业消费品的55%是浮动价或市场定价。1986年、1987年拟放开生产资料价格，搞“价、财、税联动改革方案”，但考虑到诸多风险，方案没出台。1988年搞价格闯关，放开肉禽蛋价格，但遭遇到严重通胀的冲击。因此，双轨制一直延续到20世纪90年代中期，粮食价格在1993年才全面放开，走了一条双轨并存、调放结合、以放为主的渐进路子。实践证明，渐进式改革是中国的哲学、中国的智慧，证明了人民才是创造历史的主人。即使在全面深化改革的今天，许多改革如自贸区、准入前国民待遇加负面清单、农村土地“三权分置”改革等还是要先行试点，取得经验，才能全面推开。

四是坚持市场化的改革方向。40年来，中国改革开放的核心问题一直是计划与市场（政府与市场）的关系问题。1982年党的十二大召开前对商品经济争议很大。根据党内理论工作负责人的意见，党刊直接发文批评商品经济，重申计划经济为主体，市场调节为补充。邓小平同志于1980年会见外宾时提过计划调节和市场调节相结合，1983年收入《邓小平文选》时也改为“在计划指导下发挥市场调节的作用”。因此，从高度集中的计划经济到有计划的商品经济，再到社会主义市场经济，改革目标模式的变化，反映了思想解放的过程，也是“三个有利于”标准检验后的结果，更是人民在改革实践探索中达成的共识和正确选择。实践证明，市场经济是最有效的资源配置方式，只有充分发挥市场在资源配置中的决定性作用，才能让一切劳动、资本、技术、管理的活力竞相迸发，才能让一切创造社会财富的源泉竞相涌流。

社会主义市场经济是中国改革的一大发明。对市场化改革，国内外曾经有许多不解和疑惑。1991年英国前首相撒切尔夫人访华时曾经提出质疑，我国中央领导人回答：社会主义市场经济就是社会主义条件下的市场经济，我们把计划和市场看作工具，什么有利于发展，我们就用什么体制机制。2017年去世的中国改革先行者、百岁改革老人安志文同志曾经说过：“我一生只做了两件事：诚心诚意地学计划经济，诚心诚意地改计划经济，实行市场经济。搞计划经济时我一马当先；搞市场经济更是义无反顾。”

中国改革的基本经验还有很多，例如正确处理发展、改革和稳定的关系，正确处理改革和对外开放的关系，正确处理改革和法治的关系，正确处理经济改革和政治改革的关系，等等。最后还要强调的是，中国改革的基本经验中最重要的一条是坚持党的领导。40年来所有重要的改革都是在党的会议上作出的。中国共产党的领导是中国特色社会主义最本质的特征，也是中国改革最本质的特征和最基本的经验。

40年的改革实践创造了很多经验，这些经验代表着中国改革智慧，是中国特色社会主义政治经济学。在全面深化改革的今天，这些经验仍然散发着真理的光辉。习总书记特别指出，全面深化改革已经进入高峰期，必须增强改革的系统性、整体性、协同性，多推有利于增添发展动力的改革，多推有利于促进社会公平正义的改革，多推有利于增强人民群众获得感的改革，多推有利于调动广大干部积极性的改革。这“四个有利于”实际上也是40年改革积累的宝贵经验。改革实践也证明了一个颠扑不破的真理：只有改革开放才能发展中国，发展社会主义，发展马克思主义，改革开放是当代中国发展进步的必由之路，是实现中国梦的必由之路。

四 关于党的十八大以来全面深化改革的新突破

全面深化改革是党在新时期带领全国各族人民进行的新的伟大革命，也是当代中国最鲜明的时代特征。新时期改革主要有以下几个特点。

一是改革的理论和方针有了新的突破，形成了一批新的理论成果。党的十八大、十八届三中全会进一步展示了坚持社会主义市场经济改革的立场和决心，强调了改革的地位和意义，专门提出改革开放是决定中国命运的关键一招，也是实现“两个一百年”奋斗目标的关键一招；改革开放只有进行时没有完成时，停顿和倒退没有出路，必须以更大的政治勇气和政治智慧推进改革；全党同志要敢于啃硬骨头，敢于涉险滩，敢于拿积存多年的顽症痼疾开刀。党的十八届三中全会通过的《中共中央关于全面深化改革若干重大问题的决定》（简称《决定》）在前35年经验总结的基础上，进一步强调改革要处理好解放思想和实事求是的关系，整体推进和重点突破的关系，顶层设计和摸着石头过河的关系，胆子要大和步子要稳的关系，改革、发展与稳定的关系，全面深化改革和依法治国的关系；改革要在党的领导下，沿着正确的道路前进。特别是党的十八届三中全会提出发挥市场在资源配置中的决定性作用；提出推进混合所有制改革，探索市场经济条件下基本经济制度的重要实现形式；等等。这些都是对社会主义政治经济学的理论创新和新贡献。

二是坚持了全面深化改革的顶层设计，确定了统筹推进全面深化改革的工作机制。遵照《决定》提出的完善和发展中国特色社会主义制度、推进国家治理体系和治理能力现代化这一全面深化改革总目标，统筹推进经济、政治、文化、社会和生态文明体制改革。顶层设计强调要紧紧围绕使市场在资源配置中起决定性作用深化经济体制改革，紧紧围绕坚持党的领导、人民当家做主、依法治国有机统一深化政治体制改革，紧紧围绕更好保障和改善民生、促进社会公平正义深化社会体制改革，等等。2013年12月，中央成立中央全面深化改革领导小组，负责改革的总体设计、统筹协调、整体推进、督促落实，习总书记亲自担任组长。这些都显示了中央的决心和担当。

三是出台了一系列重大改革方案举措，力度前所未有。5年来，习总书记亲自主持召开了38次中央深改组会议，共审议、通过了350多个重大改革方案，中央和国家有关部门出台了1500多项改革举措。2014年，中央深改组确定的80个重点改革任务基本完成，各方面共出台了370个改革方案；2015年，中央深改组确定的101个重点改革任务基本完成，各方面共出台了415个改革方案；2016年，中央深改组确定的97个重点改革任务基本完成，各方面共出台了419个改革方案；2017年上半年，中央深改组已审议60多个重点改革文件。总的看，党的十八届三中全会提出的60个改革方案、336项改革举措得到很好的贯彻落实。

四是正确处理问题导向和目标导向关系，重点领域和关键环节改革取得突破进展，主要领域改革主体框架基本确立。例如，在供给侧结构性改革方面，退出钢铁产能超过1.7亿吨，煤炭产能超过8亿吨；分类调控楼市，探索建立房地产市场健康发展长效机制；稳步实施市场化债转股，非金融部门总杠杆率增幅持续下降；减税降费新措施陆续出台，削减中央政府层面设立的涉企收费项目60%以上，降成本连续2年超万亿元。5年来，我们紧紧抓住正确处理政府和市场关系这个核心问题，在简政放权方面，以行政审批制度改革、转变政府职能为先手棋、当头炮，“放管服”改革向纵深推进。先后取消下放618个行政审批事项，国务院部门行政审批事项削减44%，非行政许可审批彻底终结，中央政府层面核准的企业投资项目数累计减少90%。在要素市场化配置方面，推进农村土地“三权分置”改革试点，价格改革取得重大进展。中央政府定价项目缩减80%，包括药品价格、非常规天然气气源和直供用户用气价格、高铁票价、食盐出厂批发及零售价格等。目前政府管理价格的比重低于3%，重要垄断行业逐步建立起“准许成本+合理收益”的定价机制。营造公平竞争的市场环境，认真落实完善产权保护制度、依法保护产权的意见，涉产权冤错案件甄别纠正工作迈出重要步伐。市场准入负面清单制度深入推进，新增11个省区市试点。石油天然气、电力、盐业等垄断行业改革步伐加快。公平竞争审查制度的出台和实施是建立统一开放、竞争有序市场体系的重大突破。同时，国企国资、财政金融、社会、生态文明等领域改革稳步推进。总之，中央观大势、谋全局、干实事，用改革的重大举措，解决了许多长期想解决而没有解决的难题，办成了许多想办而没有办成的大事，推动党和国家事业发生了深层次的重大变革。

党的十九大强调，在全面建设现代化国家的新征程中，我国已由高速增长阶段转向高质量发展阶段，正处在转变发展方式、优化经济结构、转换增长动力的攻坚期。新时代开启了全面深化改革的新征程，对于那些深层次、根本性的体制机制问题，我们必须准备付出更为艰巨、更为艰苦的努力，把改革进行到底。只有坚定不移地推进改革，才能解决好发展不平衡不充分问题，才能大力提升发展质量和效益，推动中国发展不断向着更高质量、更有效率、更加公平、更可持续的方向迈进。